오늘은 무슨 날?

달력으로 비문학 읽기

글 전영신 | 그림 홍연시

계림북스
kyelimbooks

작가의 말

이 책을 읽는 어린이 친구들에게

어린이 친구들 안녕?
나는 어린이책을 너무너무 사랑하는 '책먹는선생님' 전영신 선생님이야.

매일 밥을 골고루 먹어야 몸이 건강해지듯, 매일 다양한 책을 읽어야 생각과 마음이 건강해진다고 믿지. 그래서 교실에서 친구들과 함께 매일매일 어린이책을 읽고 있어. 그런데 어린이들이 말랑말랑하고 그림이 있는 동화책은 잘 읽으면서 설명문, 논설문, 신문 기사처럼 다소 딱딱하고 글이 많은 책은 읽기 싫어해서 오랫동안 고민했어.

그러던 어느 날, 선생님은 책상 위에 있는 달력을 넘겨 보다 무릎을 탁! 쳤단다. 우리가 무심코 지나쳤던 달력 속에 과학도 있고, 역사도 있고, 예술, 환경 등 정말 재미있고 유익한 이야기가 많이 담겨 있더라고. 학교 가는 날인 검은색 숫자, 학교 안 가고 노는 날인 빨간색 숫자만 있는 게 아니라는 말이지.

'아, 이 특별한 날들을 주제로 글을 쉽고 재미있게 읽는 방법을 알려 줘야겠다!'

그때부터 선생님은 달력에 코를 박고 그 안에 숨겨진 이야기를 샅샅이 파헤쳤단다.
그런데 신기하게도, 달력과 친해질수록 세상에 대한 호기심이 점점 커지는 거야!
입춘과 동지의 의미를 알고 나니 자연과 더불어 살아간 조상들의 지혜가 궁금해졌고,
삼일절과 개천절에 대해 살펴봤더니 우리 역사를 더 깊이 알고 싶어졌어.
여기서 끝이 아니야!
납세자의 날과 아동 학대 예방의 날을 알고 난 후에는 어른의 책임에 대해 생각하게 되었고, 바다 식목일과 푸른 하늘의 날이 생긴 이유를 알게 되자 우리가 사는 지구를 더 아끼겠다고 다짐하게 되었지.
그러고 나니 이게 진짜 살아 있는 공부라는 생각이 들었어!

이제 이 모든 걸 어린이 친구들과 함께 나누고 싶어.
친구들이 이 책을 읽으면서 '그래서 이런 날이 있는 거구나! 더 궁금해지는데?' 하는 생각이 든다면 성공이야. 이미 멋진 독해력과 훌륭한 어휘력을 키우고 있다는 뜻이거든.

이 책의 마지막 페이지를 덮고 나면 앞으로 낯선 글들도 자신 있게 읽을 수 있을 거야.
자, 그럼 이제 시작해 볼까?

전영신 선생님이

책의 구성과 활용

한눈에 보는 달력!

달력 속 날의 유형에 따라 7개의 색으로 구분하여 표시했어요.

이번 달에는 무슨 날이 있는지 살펴보세요.
*책에 담지 못한 날이 있을 수 있어요.

읽기 전에 알아보기!

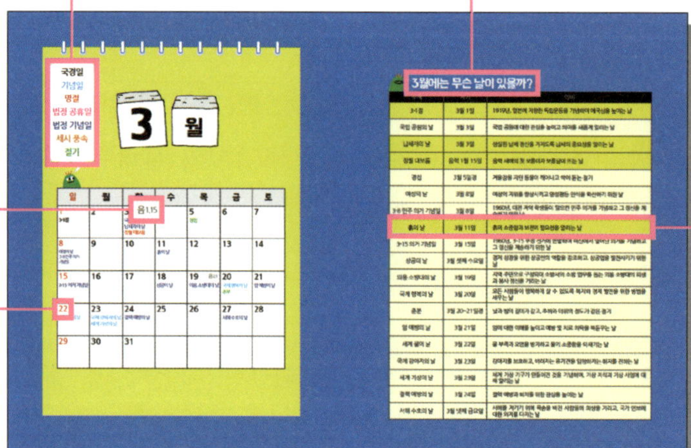

음력 날짜는 회색으로 1일과 15일만 표시했어요.

일요일만 빨간색으로 표시했어요.
*대체 공휴일은 넣지 않았어요.

책에서 자세히 다루는 날은 진한 색으로 표시했어요.

쉽고 재미있는 비문학 읽기!

8개 영역으로 구성한 비문학으로 폭넓은 지식을 쌓아요.

글을 읽고 핵심 내용을 파악해요.

문제로 완벽 이해!

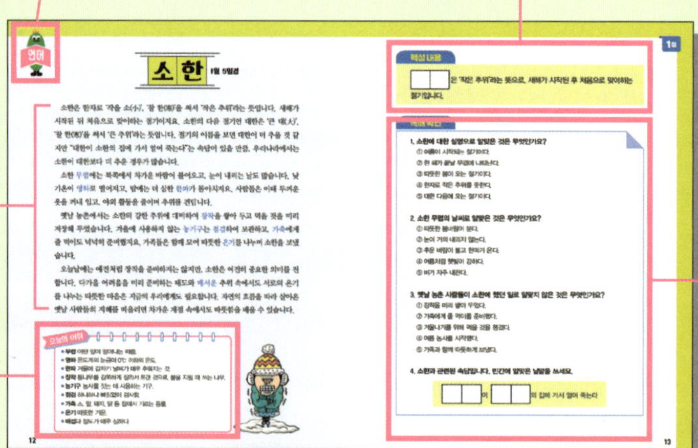

의미와 역사 등 재미있는 설명을 집중해서 읽어요.

낯선 어휘를 배우며 어휘력을 늘려요.

문제를 풀면서 내용을 더 깊이 이해하고 독해력을 키워요.

〈일러두기〉

1. 이 책은 [국립 국어원 표준국어대사전]을 기준으로 작성했으나, 이해하기 쉬운 방식을 사용한 경우도 있습니다.
2. 명칭은 2025년 12월을 기준으로 작성했습니다.
3. 여러 가지 뜻이 있는 어휘의 경우, 해당 글에서 사용한 뜻으로 풀이했습니다.
4. 달력 및 음력 날짜는 2026년을 기준으로 작성했습니다.
5. '음력'으로 표시하지 않은 날은 모두 '양력' 기준입니다.

멋지게 자라는 어휘력!

배운 어휘를 문제로 풀면서 정확하게 확인해요.

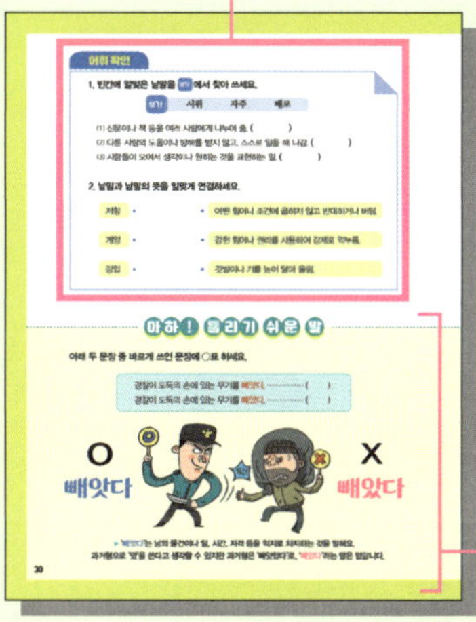

다양한 유형으로 재미있게 학습하며 어려운 어휘도 내 것으로 만들어요.

꼭 필요한 디지털 독해!

디지털 환경에서 접하는 다양한 유형의 콘텐츠를 바르게 해석해요.

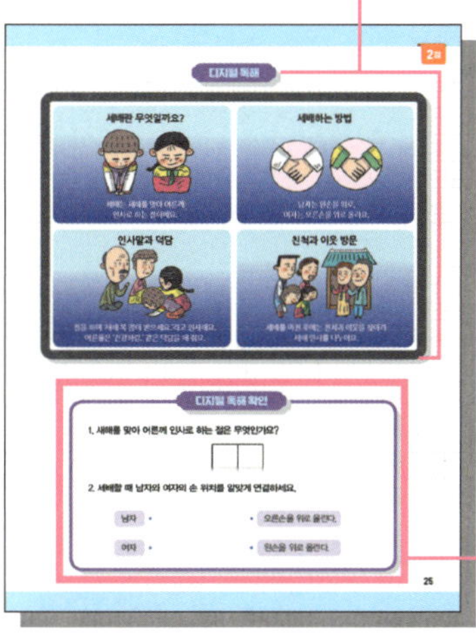

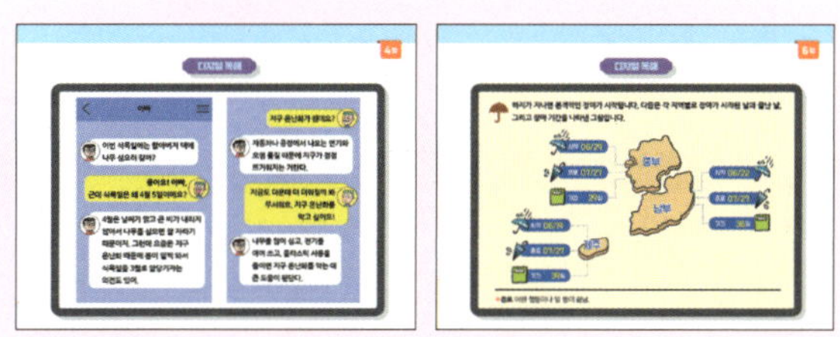

문제를 풀면서 내용을 잘 이해했는지 확인해요.

월별 차례

날짜 순서대로
읽어도 좋고,
관심 있는 영역을 먼저
읽어도 좋아!

1월

국경일
기념일
명절
법정 공휴일
법정 기념일
세시 풍속
절기

일	월	화	수	목	금	토
				1 신정 해양 안전의 날	2	3 음11.15
4 안전 점검의 날	5 소한	6	7	8	9	10
11	12	13	14	15	16	17
18	19 음12.1	20 대한	21	22	23	24
25	26	27	28	29	30	31

1월에는 무슨 날이 있을까?

주제	시기	의미
신정	1월 1일	양력으로 새해를 맞이하는 첫날
소한	1월 5일경	한자로 '작은 추위'라는 뜻으로, 새해의 첫 절기
대한	1월 20일경	한자로 '큰 추위'라는 뜻의 절기

매월 찾아오는 법정 기념일

주제	시기	의미
해양 안전의 날	매월 1일	해양 안전과 사고 예방의 중요성을 되새기는 날
안전 점검의 날	매월 4일	안전의 중요성을 인식하고, 위험 요인을 점검하는 날

>> 왜 이 기념일만 매월 찾아올까요?

안전은 수시로 점검하고, 자율적으로 확인해야 하는 아주 중요한 것입니다.
항상 주의를 기울이되, 한 달에 한 번은 더욱 주의하여 안전의 중요성을 되새기자는 의미이지요.
2월부터는 위의 기념일이 써 있지 않더라도,
1일은 '해양 안전의 날', 4일은 '안전 점검의 날'인 것을 잊지 마세요!

절기란 무엇일까?

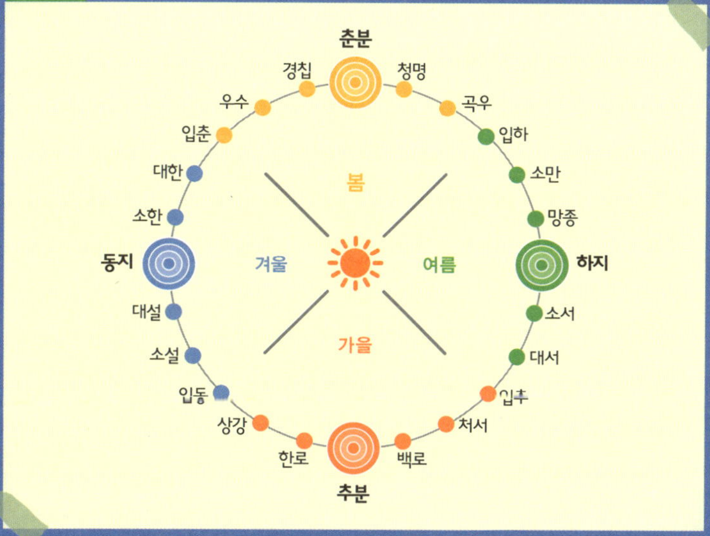

지구에서 본 태양의 움직임에 따라 1년을 24개로 나눈 거예요. 옛날에는 절기를 보며 언제 농사를 지어야 하는지 알 수 있었습니다. 하지만 절기는 중국의 날씨를 잘 나타내도록 정한 것이기 때문에 우리나라에서는 절기와 날씨가 딱 맞지는 않답니다.

책을 보다가 '절기'에 대한 내용이 나오면, 이 페이지를 펼쳐서 어디에 해당하는지 찾아보세요!

소한 1월 5일경

소한은 한자로 '작을 소(小)', '찰 한(寒)'을 써서 '작은 추위'라는 뜻입니다. 새해가 시작된 뒤 처음으로 맞이하는 절기이지요. 소한의 다음 절기인 대한은 '클 대(大)', '찰 한(寒)'을 써서 '큰 추위'라는 뜻입니다. 절기의 이름을 보면 대한이 더 추울 것 같지만 "대한이 소한의 집에 가서 얼어 죽는다"는 속담이 있을 만큼, 우리나라에서는 소한이 대한보다 더 추운 경우가 많습니다.

소한 무렵에는 북쪽에서 차가운 바람이 불어오고, 눈이 내리는 날도 많습니다. 낮 기온이 영하로 떨어지고, 밤에는 더 심한 한파가 몰아치지요. 사람들은 이때 두꺼운 옷을 꺼내 입고, 야외 활동을 줄이며 추위를 견딥니다.

옛날 농촌에서는 소한의 강한 추위에 대비하여 장작을 쌓아 두고 먹을 것을 미리 저장해 두었습니다. 겨울에 사용하지 않는 농기구는 점검하여 보관하고, 가축에게 줄 먹이도 넉넉히 준비했지요. 가족들은 함께 모여 따뜻한 온기를 나누며 소한을 보냈습니다.

오늘날에는 예전처럼 장작을 준비하지는 않지만, 소한은 여전히 중요한 의미를 전합니다. 다가올 어려움을 미리 준비하는 태도와 매서운 추위 속에서도 서로의 온기를 나누는 따뜻한 마음은 지금의 우리에게도 필요합니다. 자연의 흐름을 따라 살아온 옛날 사람들의 지혜를 떠올리면 차가운 계절 속에서도 따뜻함을 배울 수 있습니다.

오늘의 어휘

- **무렵** 어떤 일이 일어나는 때쯤.
- **영하** 온도계의 눈금이 0℃ 이하의 온도.
- **한파** 겨울에 갑자기 날씨가 매우 추워지는 것.
- **장작** 통나무를 길쭉하게 잘라서 쪼갠 것으로, 불을 지필 때 쓰는 나무.
- **농기구** 농사를 짓는 데 사용하는 기구.
- **점검** 하나하나 빠짐없이 검사함.
- **가축** 소, 말, 돼지, 닭 등 집에서 기르는 동물.
- **온기** 따뜻한 기운.
- **매섭다** 정도가 매우 심하다.

핵심 내용

[ ][ ]은 '작은 추위'라는 뜻으로, 새해가 시작된 후 처음으로 맞이하는 절기입니다.

독해 확인

1. 소한에 대한 설명으로 알맞은 것은 무엇인가요?

① 여름이 시작되는 절기이다.
② 한 해가 끝날 무렵에 나타난다.
③ 따뜻한 봄이 오는 절기이다.
④ 한자로 작은 추위를 뜻한다.
⑤ 대한 다음에 오는 절기이다.

2. 소한 무렵의 날씨로 알맞은 것은 무엇인가요?

① 따뜻한 봄바람이 분다.
② 눈이 거의 내리지 않는다.
③ 추운 바람이 불고 한파가 온다.
④ 여름처럼 햇빛이 강하다.
⑤ 비가 자주 내린다.

3. 옛날 농촌 사람들이 소한에 했던 일로 알맞지 않은 것은 무엇인가요?

① 장작을 미리 쌓아 두었다.
② 가축에게 줄 먹이를 준비했다.
③ 겨울나기를 위해 먹을 것을 챙겼다.
④ 여름 농사를 시작했다.
⑤ 가족과 함께 따뜻하게 보냈다.

4. 소한과 관련된 속담입니다. 빈칸에 알맞은 낱말을 쓰세요.

[ ][ ]이 [ ][ ]의 집에 가서 얼어 죽는다

어휘 확인

1. 뜻에 알맞은 낱말을 골라 ○표 하세요.

(1) 정도가 매우 심하다. (매섭다 | 무섭다)

(2) 어떤 일이 일어나는 때쯤. (무한 | 무렵)

(3) 하나하나 빠짐없이 검사함. (점검 | 검거)

2. 빈칸에 알맞은 낱말을 보기에서 찾아 쓰세요.

보기: 온기 한파 영하

(1) 어젯밤에 (   )가 와서 창문이 꽁꽁 얼었어요.

(2) 오늘은 기온이 (   )로 떨어져서 추위 때문에 밖에 나갈 수가 없어요.

(3) 엄마와 손을 꼭 잡고 있으면 (   )가 느껴져서 좋아요.

속담 하나 더!

춥지 않은 □□ 없고,
추운 □□ 없다

소한

대한

▶ 절기의 이름과는 달리, 실제로는 소한이 대한보다 더 추운 경우가 많다는 뜻이에요.

디지털 독해

건강 지킴이 튼튼 박사의 블로그

건-지-튼 박사

안녕하세요.
건강 지킴이
튼튼 박사입니다.

소한에 먹으면 좋은 음식 다섯 가지

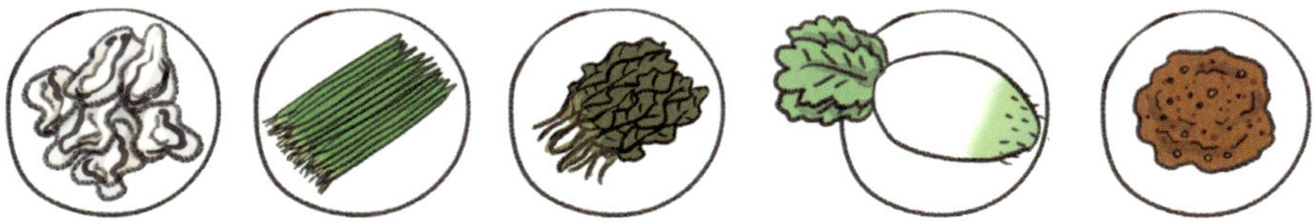

소한에는 날씨가 아주 춥기 때문에 따뜻하고 몸에 좋은 음식을 먹어야 합니다. 바다의 우유라고 불리는 굴은 영양이 많고, 몸을 따뜻하게 해 줘요. 부추는 기운을 북돋아 주고 배탈을 막아 준답니다. 시래기는 겨울철에 부족한 비타민을 채워 주고, 소화를 도와줘요. 무는 감기 예방에 좋고, 된장은 몸을 따뜻하게 해 주는 음식이에요. 그리고 제철 음식을 잘 챙겨 먹으면 추운 겨울을 건강하게 보낼 수 있답니다.

디지털 독해 확인

■ 소한에 먹으면 좋은 음식과 음식의 좋은 점을 알맞게 연결하세요.

부추 •	• 기운을 북돋아 주고 배탈을 막아 줌.
무 •	• 몸을 따뜻하게 해 줌.
시래기 •	• 감기 예방을 도와줌.
된장 •	• 비타민을 채워 주고, 소화를 도와줌.

2 월

국경일
기념일
명절
법정 공휴일
법정 기념일
세시 풍속
절기

일	월	화	수	목	금	토
1	2 음12.15 세계 습지의 날	3 한국 수어의 날	4 입춘	5	6	7
8	9	10 문화유산 방재의 날	11	12	13	14
15	16	17 음1.1 설날	18	19 우수	20	21
22	23	24	25	26	27 국제 북극곰의 날	28 희귀 질환 극복의 날 2·28 민주 운동 기념일

2월에는 무슨 날이 있을까?

주제	시기	의미
세계 습지의 날	2월 2일	물새의 서식지인 습지를 보호하기 위한 람사르 협약을 기념하고, 습지 보호의 중요성을 알리고 실천하는 날
한국 수어의 날	2월 3일	한국 수화 언어에 대한 인식을 넓히고, 중요성을 알리는 날
입춘	2월 4일경	봄이 시작되는 절기
문화유산 방재의 날	2월 10일	문화재를 안전하게 보호하고 관리하기 위한 날
설날	음력 1월 1일	음력 새해의 첫날로, 우리나라의 가장 큰 명절 중 하나
우수	2월 19~20일경	추운 겨울이 가고 봄을 맞이하는 절기
국제 북극곰의 날	2월 27일	지구 온난화로 멸종 위기에 처한 북극곰을 보호하기 위한 날
희귀 질환 극복의 날	2월의 마지막 날	희귀 질환에 대한 이해를 높이고 예방 및 치료 의욕을 북돋우는 날
2·28 민주 운동 기념일	2월 28일	1960년, 대구 지역 학생들이 이끈 민주 운동을 기념하고 그 의미와 정신을 높이는 날

언어

입춘 2월 4일경

입춘은 한자로 '설 입(立)'과 '봄 춘(春)'을 써서, '봄이 선다'는 뜻입니다. 겨울이 끝나고 봄이 문 앞까지 찾아온다는 의미이지요. 봄이 시작된다는 입춘이지만 날씨는 아직 춥기 때문에 "입춘 추위에 김칫독 얼어 터진다"는 속담도 있답니다. 김칫독이 얼어서 깨질 만큼 입춘 무렵의 추위가 매섭다는 뜻입니다.

겨울이 끝나고 봄이 오면 농사를 시작하기 때문에 옛날 사람들은 입춘을 아주 중요한 절기로 여겼습니다. 그래서 입춘에는 그해의 **풍년**과 가족의 복 등 좋은 일이 가득하길 바라는 마음을 담은 다양한 **풍습**이 있습니다. 그중 대표적인 풍습이 '입춘축'을 붙이는 일입니다. 입춘축은 집의 대문이나 기둥, 문지방에 써 붙이는 글로, 주로 집안의 **평안**과 복을 **기원**하는 내용을 씁니다.

입춘축에 가장 많이 쓰는 **글귀**는 '입춘대길(立春大吉)'입니다. 이 말은 '입춘을 맞아 큰 복이 오길 바란다'는 뜻으로, 새해를 건강하고 복되게 보내고 싶은 **소망**이 담겨 있습니다. 그 외에도 시를 쓰거나, 글씨를 잘 쓰는 사람에게 글을 받아서 붙이기도 했습니다.

입춘은 오랜 세월 동안 사람들의 소망과 바람이 담긴 특별한 날로 이어져 왔습니다. 오늘날에도 입춘이 되면 곳곳에서 입춘축을 볼 수 있지요. 입춘은 단순히 계절이 바뀌는 날이 아니라, 말과 글로 좋은 **기운**을 나누고 새롭게 시작할 용기와 희망을 얻는 날입니다.

오늘의 어휘

- **풍년** 곡식이 아주 잘 자라서 먹을 것이 많은 해.
- **풍습** 옛날부터 사람들이 지켜 온 생활 방식이나 버릇.
- **평안** 걱정이나 사고가 없음.
- **기원** 바라는 일이 이루어지기를 비는 것.
- **글귀** 짧은 글.
- **소망** 마음속으로 간절히 바라는 것.
- **기운** 눈에는 안 보이지만 느낄 수 있는 힘이나 느낌.

핵심 내용

입춘은 ☐ 의 시작을 알리는 날입니다.

독해 확인

1. 입춘에 대한 설명으로 알맞은 것은 무엇인가요?

① 여름이 시작되는 날이다.
② 가을이 끝나면 입춘이 된다.
③ 입춘은 항상 5월에 온다.
④ 옛날 사람들은 입춘을 아주 중요하게 생각했다.
⑤ 입춘 무렵에는 따뜻한 날씨가 계속된다.

2. 입춘축을 붙이는 까닭으로 알맞은 것은 무엇인가요?

① 집을 아름답게 꾸미기 위해서
② 겨울을 따뜻하게 보내려고
③ 가족의 건강과 복을 빌기 위해서
④ 아이들이 재미있는 놀이를 하려고
⑤ 한 해 농사를 마무리 지으려고

3. 입춘축에 대한 설명으로 맞으면 ○, 틀리면 ×표 하세요.

(1) 농사를 하는 집만 붙일 수 있다. ························· (　　)
(2) 오늘날에도 곳곳에서 볼 수 있다. ······················· (　　)
(3) 집의 대문이나 기둥에 붙였다. ··························· (　　)

4. 다음에서 설명하는 것은 무엇인가요?

입춘축에 가장 많이 쓰이는 글귀로
'입춘을 맞아 큰 복이 오길 바란다'는 뜻이에요.

☐☐☐☐

어휘 확인

1. 빈칸에 알맞은 낱말을 보기 에서 찾아 쓰세요.

보기 풍년 평안 소망

(1) 내 (   )은 우리 가족이 모두 건강하고 행복하게 사는 거예요.

(2) 올해는 (   )이라 먹을 음식이 많아요.

(3) 할머니께서 (   )하게 잘 지내시는지 안부 전화를 드려야겠어요.

2. 낱말과 낱말의 뜻을 알맞게 연결하세요.

낱말	뜻
풍습 •	• 바라는 일이 이루어지기를 비는 것.
기원 •	• 짧은 글.
글귀 •	• 옛날부터 사람들이 지켜 온 생활 방식이나 버릇.

칙칙폭폭 끝말잇기 기차

디지털 독해

- **평년** 곡식이 보통만큼 자라서 먹을 것이 적당한 해.
- **흉년** 곡식이 잘 자라지 않아서 먹을 것이 부족한 해.

디지털 독해 확인

1. 입춘에 보리 뿌리를 뽑는 이유로 알맞은 것은 무엇인가요?

① 보리가 잘 자랐는지 확인하려고
② 보리 뿌리를 먹으려고
③ 보리로 새 옷을 만들려고
④ 한 해 농사가 어떨지 알아보려고
⑤ 보리의 꽃을 확인하기 위해서

2. 빈칸에 알맞은 낱말을 쓰세요.

입춘에 보리 뿌리를 뽑아서 뿌리가 세 가닥이면

한 해 농사가 ☐☐일 거라고 생각했어요.

인문

설날 음력 1월 1일

설날은 음력으로 새해의 첫날입니다. 우리나라의 가장 큰 명절 중 하나이지요. 우리나라는 언제부터 설날을 명절로 지냈을까요? 정확하게 알 수는 없지만 신라 시대에도 사람들이 설날을 명절로 지냈다는 기록이 있습니다. 조선 시대를 거쳐 지금까지 이어졌으니 아주 오랫동안 지켜 온 명절이지요.

설날 아침에는 새 옷을 입고 조상께 차례를 지냅니다. 차례상에는 떡국, 나물, 전, 한과 등 다양한 음식을 올립니다. 떡국은 하얀 가래떡을 썰어 넣고 끓인 음식인데, 한 살을 더 먹는다는 의미가 있어 설날에 꼭 먹습니다. 그리고 어른들께 "새해 복 많이 받으세요." 하며 세배를 하면 어른들은 덕담을 해 주시지요.

설날에는 재미있는 풍습도 많습니다. 옛날에는 섣달그믐에 잠을 자면 눈썹이 하얗게 된다고 해서 밤을 새우기도 했습니다. 또 머리카락을 모아 두었다가 설날에 태우며 병이 들지 않기를 빌었지요. 윷놀이, 연날리기, 널뛰기 같은 민속놀이도 즐겼답니다.

설날은 오랜 전통을 지키며, 가족과 함께 마음을 나누는 날입니다. 새해를 맞이하여 서로에게 따뜻한 말을 건네고, 지나온 시간을 돌아보는 날이기도 하지요. 설날에는 가족과 이웃을 소중히 여기는 우리 조상들의 정과 지혜가 담겨 있습니다.

오늘의 어휘

- **음력** 달의 움직임을 기준으로 만든 달력으로 오늘날에는 설, 추석과 같은 명절 등의 날짜를 정할 때 사용.
- **신라** 기원전 57년, 박혁거세가 세운 우리나라 삼국 시대의 나라 중 하나.
- **기록** 나중에 기억할 수 있도록 어떤 일을 글이나 그림으로 남김.
- **조선** 1392년, 이성계가 고려를 무너뜨리고 세운 나라.
- **조상** 이전 세대의 어른.
- **차례** 돌아가신 조상께 음식을 차려 인사 드리는 일.
- **덕담** 다른 사람이 잘되기를 바라며 하는 따뜻한 말.
- **섣달그믐** 음력으로 한 해의 마지막 날.

핵심 내용

음력 새해가 시작되는 날은 [ ][ ] 입니다. 이날은 조상께 차례를 지내고 어른들께 세배를 드립니다.

독해 확인

1. 설날에 하는 일로 알맞지 않은 것은 무엇인가요?

① 덕담을 나눈다.
② 윷놀이를 한다.
③ 송편을 빚는다.
④ 연날리기를 한다.
⑤ 차례를 지낸다.

2. 설날에 떡국을 먹는 이유로 알맞은 것은 무엇인가요?

① 떡이 맛있어서
② 배가 고파서
③ 한 살을 더 먹는다는 뜻이 있어서
④ 조상들이 좋아했던 음식이라서
⑤ 아침에 따뜻한 음식을 먹기 위해서

3. 설날에 했던 풍습으로 알맞은 것은 무엇인가요?

① 창포물에 머리를 감는다.
② 앵두화채를 만들어 먹는다.
③ 달걀을 삶아 이웃에게 선물한다.
④ 섣달그믐에 잠을 자지 않고 밤을 새운다.
⑤ 풍년을 기원하며 나뭇가지 사이에 돌을 끼운다.

4. 설날 아침에 어른들께 할 인사말로 알맞은 것에 ○표 하세요.

"안녕히 계세요." ………………………………………… (　　)
"새해 복 많이 받으세요." ………………………………… (　　)
"내 더위 사세요." ………………………………………… (　　)

어휘 확인

1. 뜻에 알맞은 낱말을 골라 ○표 하세요.

(1) 이전 세대의 어른. (이웃 | 조상)

(2) 다른 사람이 잘되기를 바라며 하는 따뜻한 말. (속담 | 덕담)

(3) 돌아가신 조상께 음식을 차려 인사 드리는 일. (차례 | 세배)

(4) 1392년, 이성계가 고려를 무너뜨리고 세운 나라. (신라 | 조선)

2. 빈칸에 알맞은 낱말을 보기 에서 찾아 쓰세요.

보기	기록	섣달그믐	음력

(1) 선생님께서 칠판에 중요한 내용을 (   )하셨어요.

(2) 할아버지께서는 생신을 (   )으로 하셔서, 매년 날짜가 달라져요.

(3) (   )에는 하늘에 달이 보이지 않아서 조금 무서웠어요.

앗 나의 실수! 맞춤법 알기

일기를 보고 틀린 글자를 찾아 바르게 고쳐 쓰세요.

2월 18일 수요일 날씨

설날에 할머니 댁에 갔다.
아침 일찍 차례를 지내고, 새배를 했다.
세뱃돈을 많이 받아서 기분이 좋았다.

바르게 고쳐요. (→   )

디지털 독해

세배란 무엇일까요?

세배는 새해를 맞아 어른께
인사로 하는 절이에요.

세배하는 방법

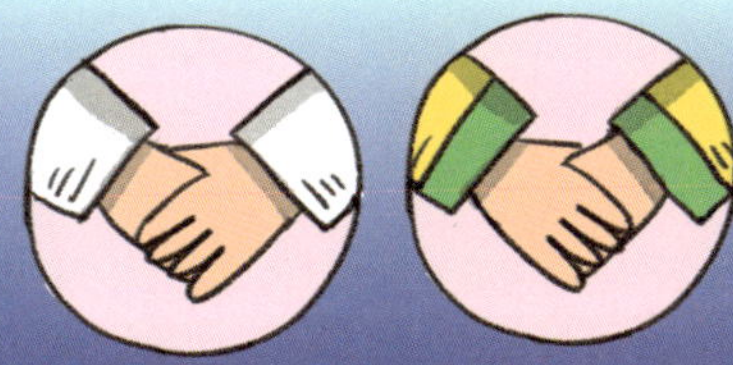

남자는 왼손을 위로,
여자는 오른손을 위로 올려요.

인사말과 덕담

절을 하며 "새해 복 많이 받으세요."라고 인사해요.
어른들은 "건강하렴." 같은 덕담을 해 줘요.

친척과 이웃 방문

세배를 마친 후에는 친척과 이웃을 찾아가
새해 인사를 나누어요.

디지털 독해 확인

1. 새해를 맞아 어른께 인사로 하는 절은 무엇인가요?

2. 세배할 때 남자와 여자의 손 위치를 알맞게 연결하세요.

남자 •	• 오른손을 위로 올린다.
여자 •	• 왼손을 위로 올린다.

3월

국경일
기념일
명절
법정 공휴일
법정 기념일
세시 풍속
절기

일	월	화	수	목	금	토
1 3·1절	2	3 음1.15 국립 공원의 날 납세자의 날 정월 대보름	4	5 경칩	6	7
8 여성의 날 3·8 민주 의거 기념일	9	10	11 흙의 날	12	13	14
15 3·15 의거 기념일	16	17	18 상공의 날	19 음2.1 의용 소방대의 날	20 국제 행복의 날 춘분	21 암 예방의 날
22 세계 물의 날	23 국제 강아지의 날 세계 기상의 날	24 결핵 예방의 날	25	26	27 서해 수호의 날	28
29	30	31				

3월에는 무슨 날이 있을까?

주제	시기	의미
3·1절	3월 1일	1919년, 일본에 저항한 독립운동을 기념하며 애국심을 높이는 날
국립 공원의 날	3월 3일	국립 공원에 대한 관심을 높이고 의미를 새롭게 알리는 날
납세자의 날	3월 3일	성실한 납세 정신을 가지도록 납세의 중요성을 알리는 날
정월 대보름	음력 1월 15일	음력 새해의 첫 보름달이 뜨는 날
경칩	3월 5일경	겨울잠을 자던 동물이 깨어나고 싹이 돋는 절기
여성의 날	3월 8일	여성의 지위를 향상시키고 양성평등 인식을 높이는 날
3·8 민주 의거 기념일	3월 8일	1960년, 대전 지역 학생들이 일으킨 민주 의거를 기념하고 그 정신을 계승하기 위한 날
흙의 날	3월 11일	흙의 소중함과 보전의 필요성을 알리는 날
3·15 의거 기념일	3월 15일	1960년, 3·15 부정 선거에 반발하여 마산에서 일어난 의거를 기념하고 그 정신을 계승하기 위한 날
상공의 날	3월 셋째 수요일	경제 성장을 위한 상공인의 역할을 강조하고, 상공업을 발전시키기 위한 날
의용 소방대의 날	3월 19일	지역 주민으로 구성되어 소방서의 소방 업무를 돕는 의용 소방대의 희생과 봉사 정신을 기리는 날
국제 행복의 날	3월 20일	모든 사람들이 행복하게 살 수 있도록 복지와 경제 발전을 위한 방법을 세우는 날
춘분	3월 20~21일경	낮과 밤의 길이가 같고, 추위와 더위의 정도가 같은 절기
암 예방의 날	3월 21일	암에 대한 이해를 높이고 예방 및 치료 의욕을 북돋우는 날
세계 물의 날	3월 22일	물 부족과 오염을 방지하고 물의 소중함을 되새기는 날
국제 강아지의 날	3월 23일	강아지를 보호하고, 버려지는 유기견의 입양을 장려하는 날
세계 기상의 날	3월 23일	세계 기상 기구가 만들어진 것을 기념하며, 기상 지식과 기상 사업에 대해 알리는 날
결핵 예방의 날	3월 24일	결핵 예방과 퇴치를 위한 관심을 높이는 날
서해 수호의 날	3월 넷째 금요일	서해를 지키기 위해 목숨을 바친 사람들의 희생을 기리고, 국가 안보에 대한 의지를 다지는 날

역사

3·1절

3월 1일

우리나라에는 3·1절이라는 특별한 날이 있습니다. 1910년, 우리나라는 일본에게 나라를 빼앗겼습니다. 일본은 강압적으로 우리나라를 다스리며 우리의 자유와 권리를 빼앗았습니다. 당시 우리나라 사람들은 억울하고 힘든 시간을 보내야 했지요. 그러던 중 1919년 3월 1일, 많은 사람들이 거리로 나와 "대한 독립 만세!"를 외쳤습니다. 자주적인 나라를 되찾고자 하는 뜨거운 외침이었습니다.

놀랍게도 3·1 운동은 폭력 없이 진행된 평화적인 시위였습니다. 아이부터 어른까지, 남녀노소 모두가 참여했지요. 어떤 사람은 독립을 외치는 글을 담은 독립신문을 배포했고, 어떤 사람은 독립 선언서를 몰래 전달했습니다. 이날 우리는 빼앗긴 나라에 가만히 머물지 않고, 스스로 일어나 민족의 저항을 보여 주었습니다.

3월 1일에 시작된 만세 운동은 전국으로 빠르게 퍼져 나갔습니다. 사람들은 각자 사는 지역에서 만세를 부르며 대한 독립을 외쳤습니다. 그리고 한 달 뒤인 4월 11일, 독립운동가들은 힘을 모아 대한민국 임시 정부를 세웠습니다. 우리 스스로 나라를 세우겠다는 의지를 세계에 알린 것이지요.

그래서 우리는 매년 3월 1일을 기념하며 태극기를 게양하고 조상들의 용기 있는 외침을 떠올립니다. 3·1절을 기억하는 것은 나라를 사랑하는 마음을 되새기고, 우리나라의 자유와 평화가 얼마나 소중한지 다시 한번 깨닫는 일입니다.

오늘의 어휘

- **강압** 강한 힘이나 권력을 사용하여 강제로 억누름.
- **권리** 마땅히 누릴 수 있는 힘이나 자격.
- **독립** 한 나라가 정치적으로 완전한 권리를 가짐.
- **자주** 다른 사람의 도움이나 방해 없이 스스로 일을 해 나감.
- **시위** 사람들이 모여서 생각이나 원하는 것을 표현하는 일.
- **배포** 신문이나 책 등을 여러 사람에게 나누어 줌.
- **민족** 같은 지역에서 함께 살며 언어와 문화가 비슷한 사람들.
- **저항** 어떤 힘이나 조건에 굽히지 않고 반대하거나 버팀.
- **게양** 깃발이나 기를 높이 달아 올림.

핵심 내용

3·1절은 1919년 [ ] 월 [ ] 일에 일어난 독립운동을 기억하고, 나라를 사랑하는 마음을 되새기는 날입니다.

독해 확인

1. 3·1 운동에 대한 설명으로 알맞은 것은 무엇인가요?
   ① 여자들은 참여할 수 없었다.
   ② 평화적으로 진행되었다.
   ③ 어른들만 참여했다.
   ④ 무기를 이용하여 저항했다.
   ⑤ 소리를 내지 않고 행진했다.

2. 3·1 운동의 한 달 뒤에 독립운동가들이 세운 것은 무엇인가요?
   ① 대한민국 임시 정부
   ② 한글 학교
   ③ 평화 공원
   ④ 경찰서
   ⑤ 영어 도서관

3. 3·1절을 기념하는 이유로 알맞은 것은 무엇인가요?
   ① 나라를 사랑하는 마음을 되새기기 위해서
   ② 3월 1일에 모두 놀고 싶어서
   ③ 자유와 평화가 필요 없어서
   ④ 유명한 독립운동가의 생일이라서
   ⑤ 태극기를 많이 사게 하려고

4. 3·1 운동에서 사람들이 외친 구호는 무엇인가요?

“[ ][ ] [ ][ ] [ ][ ]”.

어휘 확인

1. 뜻에 알맞은 낱말을 보기 에서 찾아 쓰세요.

보기 | 시위 | 자주 | 배포

(1) 신문이나 책 등을 여러 사람에게 나누어 줌. (   )
(2) 다른 사람의 도움이나 방해 없이 스스로 일을 해 나감. (   )
(3) 사람들이 모여서 생각이나 원하는 것을 표현하는 일. (   )

2. 낱말과 낱말의 뜻을 알맞게 연결하세요.

낱말	뜻
저항 •	• 어떤 힘이나 조건에 굽히지 않고 반대하거나 버팀.
게양 •	• 강한 힘이나 권리를 사용하여 강제로 억누름.
강압 •	• 깃발이나 기를 높이 달아 올림.

아하! 틀리기 쉬운 말

아래 두 문장 중 바르게 쓰인 문장에 ○표 하세요.

경찰이 도둑의 손에 있는 무기를 빼앗다. .... (   )
경찰이 도둑의 손에 있는 무기를 빼았다. .... (   )

O 빼앗다

X 빼았다

▶ '빼앗다'는 남의 물건이나 일, 시간, 자격 등을 억지로 차지하는 것을 말해요.
과거형으로 '았'을 쓴다고 생각할 수 있지만 과거형은 '빼앗았다'로, '빼았다'라는 말은 없답니다.

디지털 독해

유관순, 감옥에서도 대한 독립 만세를 외치다

오늘의 인물> 독립운동가> 3·1 운동> 유관순

1919년 3월 1일, 이화 학당에 다니던 유관순은 친구들과 함께 거리로 나가 "대한 독립 만세!"를 외쳤어요. 일본에 의해 학교가 문을 닫게 되자 고향인 충청남도 천안으로 돌아갔고, 그곳에서 만세 운동을 준비했지요. 4월 1일, 유관순은 아우내 장터에서 태극기를 흔들며 소리 높여 만세를 불렀어요. 하지만 일본 경찰은 총과 칼로 사람들을 막았고, 유관순의 부모님도 이때 목숨을 잃었어요. 유관순은 부모님을 잃은 슬픔을 가슴에 품고, 감옥에서도 "대한 독립 만세!"를 외쳤지요. 그때마다 일본 경찰로부터 심한 고문을 당했어요. 결국 고문 때문에 큰 병을 얻어 열여덟 살의 꽃다운 나이에 죽음을 맞았답니다.

디지털 독해 확인

1. 유관순에 대한 설명으로 알맞은 것에 ○표 하세요.

가난해서 학교에 다니지 못했다. ·· (　　　)

열여덟 살에 감옥에서 목숨을 잃었다. ·· (　　　)

2. 글을 읽고 남긴 댓글 중 내용이 알맞지 않은 것은 무엇인가요?

① 지원: 유관순이 일본에서 만세 운동을 하다가 죽었다니 정말 슬퍼요.

② 도윤: 아우내 장터에서 부모님을 잃었을 때 정말 슬펐을 거예요.

③ 지안: 유관순은 감옥에서 정말 힘들었을 텐데도 끝까지 용기를 잃지 않았어요.

④ 강현: 유관순은 정말 용감해요! 독립을 위해 싸운 모습이 멋져요!

⑤ 서정: 유관순 덕분에 우리가 자유롭게 살게 되었어요. 감사합니다.

사회

납세자의 날 3월 3일

우리는 물건을 사거나 돈을 벌면 세금을 냅니다. 이렇게 나라에 세금을 내는 것을 납세라고 하고, 세금을 내는 사람을 납세자라고 하지요. 우리가 낸 세금은 도로를 만들고, 학교나 병원을 운영하는 등 나라가 잘 돌아가게 도와주는 아주 소중한 돈입니다.

납세자의 날은 세금을 **성실**하게 낸 사람을 칭찬하고, 납세의 중요성을 널리 알리기 위해 만들었습니다. 이날에는 **모범** 납세자를 **표창**하고, 납세의 소중함을 알리는 행사도 열립니다.

모범 납세자는 세금을 꼬박꼬박 성실하게 낸 사람들 중 일정 기준을 **충족**하여 나라와 이웃에게 좋은 **본보기**가 되는 사람들이 **선정**됩니다. 모범 납세자로 뽑히면 **우대**받을 수 있는 **혜택**도 있습니다. 병원비나 기차 요금을 할인받거나, 주차장을 무료로 이용할 수도 있지요.

그렇다면 어떻게 해야 모범 납세자가 될 수 있을까요? 정직하게 돈을 벌고, 정해진 세금을 성실하게 내는 것이 중요합니다. 작은 가게를 하는 사람도, 일을 막 시작한 사람도 모두 정해진 세금을 정직하게 내야 합니다. 세금을 성실하게 내는 것은 우리 사회를 건강하게 만들고, 함께 살아가는 힘이 됩니다. 납세자의 날은 우리 모두가 바른 시민으로 살아가는 방법을 배우는 날입니다.

오늘의 어휘

- **성실** 거짓 없이 참되며 꾸준히 열심히 함.
- **모범** 다른 사람이 보고 배울 수 있는 좋은 행동이나 사람.
- **표창** 좋은 일을 하거나 열심히 노력한 사람에게 상을 주며 칭찬함.
- **충족** 모자람이 없이 넉넉함.
- **본보기** 다른 사람이 보고 배울 수 있도록 좋은 예가 되는 것.
- **선정** 여럿 가운데서 어떤 것을 뽑아 정함.
- **우대** 특별히 잘 대함.
- **혜택** 도움이 되거나 이익이 되는 것.

핵심 내용

☐☐☐의 날은 납세의 중요성을 널리 알리는 날입니다.

독해 확인

1. 세금의 쓰임으로 알맞은 것은 무엇인가요?
   ① 과자를 사 먹는 데 쓰인다.
   ② 여행을 가는 데 쓰인다.
   ③ 나라를 운영하는 데 쓰인다.
   ④ 생일 파티를 하는 데 쓰인다.
   ⑤ 친구들과 놀 때 쓰인다.

2. 모범 납세자는 어떤 사람을 말하나요?
   ① 돈을 많이 쓰는 사람
   ② 세금을 많이 쓰는 사람
   ③ 학교에 잘 다니는 사람
   ④ 정해진 세금을 잘 내는 사람
   ⑤ 병원에서 일하는 사람

3. 모범 납세자가 받을 수 있는 혜택이나 상이 아닌 것은 무엇인가요?
   ① 병원비 할인
   ② 기차 요금 할인
   ③ 다음 해 세금 할인
   ④ 주차장 무료 이용
   ⑤ 납세자의 날에 표창 받기

4. 납세자의 날은 언제인가요?

☐월 ☐일

어휘 확인

1. 뜻에 알맞은 낱말을 보기 에서 찾아 쓰세요.

보기: 모범 성실 선정

(1) 여럿 가운데서 어떤 것을 뽑아 정함. (   )
(2) 거짓 없이 참되며 꾸준히 열심히 함. (   )
(3) 다른 사람이 보고 배울 수 있는 좋은 행동이나 사람. (   )

2. 낱말과 낱말의 뜻을 알맞게 연결하세요.

낱말	뜻
충족 •	• 다른 사람이 보고 배울 수 있도록 좋은 예가 되는 것.
표창 •	• 좋은 일을 하거나 열심히 노력한 사람에게 상을 주며 칭찬함.
본보기 •	• 모자람이 없이 넉넉함.

생활 속 낱말 활용

그림을 보고 빈칸에 공통으로 들어갈 낱말을 쓰세요.

☐☐ 어린이

☐☐ 경찰관

☐☐ 학교

디지털 독해

디지털 독해 확인

1. 빈칸에 알맞은 낱말을 쓰세요.

물건값에는 □□ □□□가 포함되어 있어요.

2. 문구점에서 지우개를 살 때 '부가 가치세가 포함된다'는 말은 무슨 뜻인가요?

① 지우개에 특별한 성분이 들어 있다.
② 지우개를 사면 선물이 딸려 온다.
③ 지우개는 다른 학용품보다 가치가 높다.
④ 지우개는 어른만 살 수 있다.
⑤ 지우개의 값에 세금이 포함되어 있다.

정월 대보름

음력 1월 15일

정월 대보름은 음력 새해에서 처음으로 맞는 '보름날'입니다. 보름날은 보름달이 뜨는 날을 말하지요. 이날 사람들은 밝은 보름달을 보며 건강과 복을 빌었습니다.

정월 대보름 아침에는 땅콩, 호두, 밤 등의 딱딱한 견과류를 깨물며 "올해는 아프지 않게 해 주세요!" 하고 소원을 빕니다. 이를 '부럼 깨물기'라고 하지요. 그리고 찹쌀, 기장, 팥, 수수, 콩 같은 곡식을 섞어 지은 오곡밥을 먹으며 풍년을 기원합니다. 정월 대보름에 묵은 나물을 먹으면 그해 여름에 더위를 타지 않는다고 하여 묵은 나물도 함께 먹습니다.

정월 대보름에 하는 놀이도 다양합니다. 그중 논밭에 있는 쥐와 해충을 없애기 위해 긴 막대기나 줄에 불을 달고 빙빙 돌리는 쥐불놀이가 대표적입니다. 마른 나무나 짚으로 만든 무더기인 달집에 불을 붙이고, 활활 타오르는 불길을 보며 소원을 비는 달집태우기도 있습니다. 달집이 잘 타오르면 마을에 좋은 일이 생긴다고 여겼습니다.

먹고, 놀고, 소원을 비는 정월 대보름의 풍습에는 옛사람들의 지혜와 공동체 정신이 담겨 있습니다. 마을 사람들이 모여 보름달을 보며 건강과 풍요를 빌던 전통은 오늘날에도 이어지고 있습니다. 정월 대보름은 새로운 해를 잘 보내겠다고 다짐하고, 사람들 사이의 관계를 돈독히 하는 중요한 명절입니다.

오늘의 어휘

- **견과** 도토리, 밤, 호두 등 딱딱한 껍질 안에 씨가 들어 있는 열매.
- **묵다** 시간이 지나서 오래된 상태가 되다.
- **해충** 사람이나 농사에 해를 끼치는 벌레.
- **무더기** 한곳에 수북이 쌓였거나 뭉쳐 있는 것.
- **공동체** 함께 모여 살거나 같은 목적을 가진 사람들의 모임.
- **풍요** 아주 많아서 넉넉함.
- **돈독하다** 사이가 깊고 친밀하다.

핵심 내용

□□ □□□은 보름달을 보며 한 해의 건강과 복을 비는 명절로, 음력 1월 15일입니다.

독해 확인

1. 정월 대보름에 부럼을 깨물며 비는 소원은 무엇인가요?

① 시험을 잘 보게 해 주세요.

② 더 많은 돈을 벌게 해 주세요.

③ 친구들과 친하게 지내게 해 주세요.

④ 병이 생기지 않고 건강하게 해 주세요.

⑤ 동물을 많이 키우게 해 주세요.

2. 쥐불놀이의 효과로 알맞은 것은 무엇인가요?

① 눈을 밝게 해 준다.

② 논밭에 있는 해충을 없애 준다.

③ 빨리 달리게 해 준다.

④ 여름에 시원하게 해 준다.

⑤ 책을 잘 읽게 해 준다.

3. 정월 대보름과 관계가 없는 것은 무엇인가요?

① 오곡밥 ② 부럼 깨물기 ③ 쥐불놀이

④ 달집태우기 ⑤ 크리스마스트리

4. 다음에서 설명하는 것은 무엇인가요?

마른 나무나 짚으로 만든 달집에 불을 붙이고, 활활 타오르는 불길을 보며 소원을 빌어요. 달집이 잘 타오르면 마을에 좋은 일이 생긴다고 여겼어요.

□□□□□

어휘 확인

1. 뜻에 알맞은 낱말을 골라 ○표 하세요.

(1) 사람이나 농사에 해를 끼치는 벌레. (해충 | 익충)

(2) 사이가 깊고 친밀하다. (돈독하다 | 알뜰하다)

(3) 시간이 지나서 오래된 상태가 되다. (묵다 | 젊다)

2. 빈칸에 알맞은 낱말을 보기 에서 찾아 쓰세요.

보기: 견과　해충　공동체

(1) 우리 반은 함께 공부하고 서로 돕는 (　　　　　)예요.

(2) 멸치를 볶을 때 땅콩, 잣과 같은 (　　　　　)를 넣으면 더 맛있고 몸에도 좋아요.

(3) 농부 아저씨는 (　　　　　) 때문에 배추에 구멍이 났다고 걱정하셨어요.

포함하는 말

그림과 낱말을 보고, 포함하는 말을 빈칸에 쓰세요.

디지털 독해

kyelimbooks • 팔로잉

정월 대보름 아침, 누군가 이름을 부르면 절대 대답하지 마세요!
왜냐고요? 그건 바로 '더위팔기' 때문이에요.
옛날 사람들은 "내 더위 사가라!" 하며, 그해 여름 더위를 다른 사람에게 넘기면 자신은 더위를 타지 않는다고 믿었대요.
이 글을 봤다면 이미 내 더위를 산 거예요!
다음 친구에게 더위팔기 이어 하기!

#정월대보름 #더위팔기 #더위팔기릴레이 #내더위살사람 #여름준비

좋아요 1256개

디지털 독해 확인

1. 더위를 팔 때 외치는 말은 무엇인가요?

("　　　　　　　　　　")

2. '더위팔기'는 언제 하는 풍습인가요?

① 한가위　② 설날　③ 정월 대보름
④ 단오　⑤ 추석

환경

흙의 날 3월 11일

흙의 날은 흙의 소중함을 생각하고, 흙을 아끼자는 뜻으로 만들었습니다. 흙은 우리가 밟고 사는 땅이며, 동식물이 자라고 살아가는 터전입니다. 그래서 흙이 건강해야 사람도, 동식물도 건강하게 살 수 있습니다.

흙은 우리에게 많은 것을 줍니다. 흙에서 채소와 과일이 자라고, 흙에서 자란 나무는 깨끗한 공기를 만듭니다. 눈으로 다 볼 수는 없지만, 흙 한 줌에는 약 1억 개의 생명체가 살고 있다고 합니다. 마치 작은 우주와도 같지요. 우리는 이 놀랍고도 소중한 자원을 잘 보전해야 합니다.

하지만 요즘 흙은 점점 병들고 있습니다. 쓰레기와 오염된 물이 흙을 더럽히고, 농약을 너무 많이 쓰는 것도 흙을 아프게 합니다. 흙은 한 번 훼손되면 다시 깨끗해지는 데 오랜 시간이 걸립니다. 게다가 흙은 오염된 것을 바로 알 수 없기 때문에 문제가 커진 뒤에야 알아차리는 경우가 많지요. 흙이 망가지면 식물도 잘 자라지 못하고, 그 식물을 먹는 동물과 사람도 살기 어려워집니다.

흙을 지키기 위해 우리가 할 수 있는 일이 있습니다. 일회용품을 줄이고, 쓰레기를 잘 분리해서 버려야 합니다. 또한 나무나 꽃을 심어서 흙이 빗물에 떠내려가지 않도록 도울 수 있습니다. 농사를 지을 때 농약을 적게 쓰는 것도 중요합니다. 앞으로 더 많은 사람에게 흙의 중요성을 알려서 깨끗한 흙을 지켜 내야 합니다.

오늘의 어휘

- **터전** 생활하고 살아가는 곳.
- **줌** 주먹의 줄임말.
- **보전** 그대로 잘 지켜서 잃어버리지 않고 유지함.
- **오염** 더럽게 변함.
- **농약** 농작물에 해로운 벌레나 병균을 없애는 약.
- **훼손** 망가뜨리거나 해쳐서 못 쓰게 만듦.
- **일회용품** 한 번만 쓰고 버리는 물건.
- **분리** 함께 있던 것이 따로 나뉘어 떨어짐.

핵심 내용

우리가 밟고 사는 땅이며 동식물이 살아가는 터전인 □을 소중히 여기고 아껴야 합니다.

독해 확인

1. 흙의 날이 만들어진 이유로 알맞은 것은 무엇인가요?
   ① 나무를 많이 베기 위해서
   ② 흙의 소중함을 생각하기 위해서
   ③ 물을 아끼기 위해서
   ④ 하늘을 보호하기 위해서
   ⑤ 바다를 깨끗하게 만들기 위해서

2. 흙에 대한 설명으로 알맞은 것은 무엇인가요?
   ① 흙은 보기에도 작고 안이 텅 비어 있다.
   ② 흙은 사람보다 중요하지 않다.
   ③ 흙은 식물만 사는 곳이다.
   ④ 흙은 우리에게 많은 도움을 주는 소중한 자원이다.
   ⑤ 흙은 없어도 괜찮다.

3. 흙이 병드는 이유로 알맞지 않은 것은 무엇인가요?
   ① 쓰레기 때문에 ② 오염된 물 때문에
   ③ 농약을 너무 많이 써서 ④ 바람이 불어서
   ⑤ 흙을 함부로 다뤄서

4. 흙을 보전하는 방법으로 알맞지 않은 것은 무엇인가요?
   ① 나무나 꽃을 심는다.
   ② 쓰레기를 분리해서 버린다.
   ③ 일회용품을 줄인다.
   ④ 흙에 쓰레기를 묻는다.
   ⑤ 농약을 너무 많이 쓰지 않는다.

어휘 확인

1. 뜻에 알맞은 낱말을 골라 ○표 하세요.

(1) 함께 있던 것이 따로 나뉘어 떨어짐. (분리 | 화합)

(2) 더럽게 변함. (정화 | 오염)

(3) 그대로 잘 지켜서 잃어버리지 않고 유지함. (손실 | 보전)

2. 빈칸에 알맞은 낱말을 보기 에서 찾아 쓰세요.

보기	농약	터전	훼손

(1) 산불 때문에 갈 곳을 잃은 동물들이 새로운 (　　　　)을 찾고 있어요.

(2) 도서관의 책을 (　　　　)하지 않도록 소중히 다뤄야 해요.

(3) 오리가 잡초를 없애 줘서 (　　　　)을 많이 쓰지 않아도 벼를 잘 키울 수 있어요.

만화로 다시 보는 어휘

그림과 대화를 보고 빈칸에 알맞은 낱말을 쓰세요.

[　][　][　][　]

디지털 독해

환경 생생 뉴스

폐건전지·남은 약, 아무 데나 버리면 흙 오염의 원인

폐건전지 10개를 모아 행정 복지 센터에 가져가면, 새 건전지 2개로 바꿔 주는 행사를 진행 중이다. 폐건전지를 아무 데나 버리면 흙이 오염되기 때문이다. 건전지 안에는 수은, 카드뮴 같은 해로운 금속이 들어 있어서 그냥 버리면 금속이 흙에 스며들어 식물을 잘 자라지 못하게 한다.

먹다 남은 약도 마찬가지다. 약 성분은 땅속에 남아서 오래도록 사라지지 않고, 흙에 사는 작은 생물에게 나쁜 영향을 줄 수 있다. 그래서 약은 약국이나 지정된 수거함에 따로 버려야 한다. 올바르게 버리는 습관이 흙을 살릴 수 있다.

김지호 기자

- **폐건전지** 못 쓰게 되어서 버리는 건전지.
- **성분** 무언가를 이루고 있는 것의 한 부분.

디지털 독해 확인

1. 폐건전지를 아무 데나 버리면 안 되는 이유는 무엇인가요?

① 소리가 너무 크기 때문에
② 다시 쓸 수 없기 때문에
③ 건전지가 깨지기 쉬워서
④ 흙을 오염시킬 수 있어서
⑤ 전기를 만들 수 없어서

2. 먹다 남은 약을 버리는 방법으로 알맞은 것은 무엇인가요?

① 땅에 묻는다.
② 친구에게 준다.
③ 강이나 바다에 버린다.
④ 약국이나 수거함에 버린다.
⑤ 다음에 아플 때 먹는다.

4월

국경일
기념일
명절
법정 공휴일
법정 기념일
세시 풍속
절기

일	월	화	수	목	금	토
			1 수산인의 날	2 음2.15 세계 자폐증 인식의 날	3 예비군의 날 4·3 희생자 추념일	4
5 식목일 청명	6 한식	7 보건의 날	8	9	10 전기의 날 편의 증진의 날	11 대한민국 임시 정부 수립 기념일 도시 농업의 날
12 도서관의 날	13	14	15	16 국민 안전의 날	17 음3.1	18
19 4·19 혁명 기념일	20 곡우 장애인의 날	21 과학의 날	22 새마을의 날 자전거의 날 정보 통신의 날 지구의 날	23 세계 책과 저작권의 날	24 순직 의무 군경의 날	25 법의 날
26 세계 지적 재산권의 날	27	28 산업 재해 근로자의 날 충무공 이순신 탄신일	29	30		

4월에는 무슨 날이 있을까?

주제	시기	의미
수산인의 날	4월 1일	수산업과 어촌의 소중함을 알리고 수산인이 자부심을 가지도록 격려하는 날
예비군의 날	4월 첫째 금요일	예비군의 임무를 새롭게 다짐하고, 예비군의 사기를 북돋우는 날
4·3 희생자 추념일	4월 3일	1947년, 제주에서 발생한 무력 충돌과 진압 과정에서 희생 당한 주민들을 추모하는 날
식목일	4월 5일	나무를 많이 심고 아껴 가꾸도록 격려하는 날
한식	동지 후 105일째 되는 날	불을 사용하지 않고, 찬 음식을 먹는 명절
보건의 날	4월 7일	보건 의식을 높이고 관련 분야 종사자를 격려하는 날
전기의 날	4월 10일	전기 산업을 발전시키고 관련 산업 유공자를 격려하는 날
편의 증진의 날	4월 10일	장애인 편의 시설에 대한 국민의 관심을 높이는 날
대한민국 임시 정부 수립 기념일	4월 11일	대한민국 임시 정부의 전통과 역사적 의의를 기리는 날
도시 농업의 날	4월 11일	자연 친화적인 도시 환경을 만들고 도시 농업의 중요성을 알리는 날
도서관의 날	4월 12일	도서관에 대한 이해와 관심을 높이고 이용을 늘리기 위한 날
4·19 혁명 기념일	4월 19일	1960년, 학생들의 시위로 시작된 4·19 혁명을 기념하고 민주주의를 발전시키기 위한 날
장애인의 날	4월 20일	장애인에 대한 이해와 장애인의 재활 의욕을 높이고 복지를 늘리기 위한 날
과학의 날	4월 21일	과학 기술에 대한 중요성을 알려서 발전시키기 위한 날
자전거의 날	4월 22일	교통 문제와 환경 문제에 도움을 주는 자전거 이용을 활성화하기 위한 날
정보 통신의 날	4월 22일	정보 통신의 중요성과 의미를 알리고 발전시키기 위한 날
순직 의무 군경의 날	4월 넷째 금요일	나라를 지키다가 순직한 의무 군경의 희생을 기리는 날
법의 날	4월 25일	법과 규칙을 잘 지키는 준법정신을 기르고 법의 가치를 높이기 위한 날
산업 재해 근로자의 날	4월 28일	산업 재해에 대해 이해하고 산업 재해 근로자의 권리를 지키기 위한 날
충무공 이순신 탄신일	4월 28일	충무공 이순신의 업적과 충성심을 기리는 날

환경

식목일 4월 5일

식목일은 산과 들에 나무를 심으며 자연을 아끼는 마음을 가지는 날입니다. 4월이 되면 날씨가 따뜻해져서 땅이 녹기 때문에 나무를 심기에 좋은 때입니다. 그래서 오래전부터 4월 5일을 식목일로 정하여 나무를 심었습니다.

그런데 왜 나무를 심어야 하는지 알고 있나요? 나무는 우리가 마시는 깨끗한 공기를 만들어 줍니다. 또 나무가 많아지면 다양한 동물과 식물이 함께 살아갈 수 있는 **생태계** 환경이 만들어지지요. 비가 많이 올 때는 나무가 물을 **흡수**해 **홍수**를 막아 주고, 뿌리는 흙을 붙잡아 **산사태** 같은 무서운 일이 생기지 않도록 막아 줍니다. 그래서 나무는 지구를 지키는 든든한 **수호자**입니다.

나무를 심을 때는 먼저 땅을 파고, 어린 나무를 조심스럽게 심습니다. 그다음 흙을 덮고 물을 넉넉히 줍니다. 바람이 불어도 쓰러지지 않도록 줄기 주변에 **지지대**를 세워 주면 좋습니다. 나무도 동물처럼 돌봄이 필요하니, 자주 물을 주고 잘 자라는지 살펴봐야 합니다.

하지만 아무리 열심히 나무를 심어도 산불이 나면 숲이 한순간에 사라집니다. 그래서 식목일에는 산불 **예방**에도 힘써야 합니다. 산에서 불을 피우지 않고, 쓰레기를 버리지 않는 작은 실천이 숲을 지키는 큰 힘이 됩니다. 우리가 심은 나무가 무럭무럭 자라 지구를 건강하게 지킬 수 있도록, **삼림**을 소중하게 보호해야 합니다.

오늘의 어휘

- **생태계** 동물, 식물, 곤충 등이 한 환경 안에서 서로 어울려 살아가는 것.
- **흡수** 물을 빨아들임.
- **홍수** 비가 많이 와서 강이나 하천에 크게 불어난 물.
- **산사태** 비나 지진 때문에 산의 흙이나 돌이 무너져 내리는 일.
- **수호자** 무엇인가를 지켜 주고 보호해 주는 사람이나 존재.
- **지지대** 나무나 물건이 쓰러지지 않게 받쳐 주는 막대.
- **예방** 나쁜 일이 생기기 전에 미리 막음.
- **삼림** 나무가 많이 자라는 숲.

핵심 내용

[ ][ ][ ]은 4월 5일로, 사람들이 함께 나무를 심으며 자연을 사랑하는 마음을 가지는 날입니다.

독해 확인

1. 식목일에 하는 활동으로 알맞은 것은 무엇인가요?

① 불꽃놀이 ② 크리스마스트리 꾸미기
③ 나무 심기 ④ 바다 수영하기
⑤ 책상 정리하기

2. 나무가 하는 일로 알맞은 것은 무엇인가요?

① 초콜릿을 만든다.
② 공기를 더럽힌다.
③ 비를 많이 내리게 한다.
④ 깨끗한 산소를 만들어 낸다.
⑤ 산사태를 일으킨다.

3. 삼림 보호를 위한 행동으로 알맞은 것은 무엇인가요?

① 산에서 불을 피운다.
② 쓰레기를 아무 데나 버린다.
③ 나뭇가지를 꺾는다.
④ 산불을 조심한다.
⑤ 나무에 이름을 새긴다.

4. 글에 나온 나무 심는 방법을 순서대로 쓰세요.

㉠ 나무를 심는다. ㉡ 물을 넉넉히 준다. ㉢ 흙을 덮는다.
㉣ 땅을 판다. ㉤ 지지대를 세운다.

(　　) → (　　) → (　　) → (　　) → (　　)

어휘 확인

1. 낱말과 낱말의 뜻을 알맞게 연결하세요.

산사태 •		• 나무가 많이 자라는 숲.
수호자 •		• 비나 지진 때문에 산의 흙이나 돌이 무너져 내리는 일.
삼림 •		• 무엇인가를 지켜 주고 보호해 주는 사람이나 존재.

2. 빈칸에 알맞은 낱말을 보기 에서 찾아 쓰세요.

보기	홍수	지지대	예방

(1) 손을 깨끗이 씻으면 감기를 (　　　　　)할 수 있어요.

(2) (　　　　　) 때문에 마을이 물에 잠겨 사람들이 대피했어요.

(3) 방울토마토 화분에 (　　　　　)를 세웠더니 줄기가 곧게 자랐어요.

칙칙폭폭 끝말잇기 기차

디지털 독해

아빠

이번 식목일에는 할아버지 댁에 나무 심으러 갈까?

좋아요! 아빠, 근데 식목일은 왜 4월 5일이에요?

4월은 날씨가 맑고 큰 비가 내리지 않아서 나무를 심으면 잘 자라기 때문이지. 그런데 요즘은 지구 온난화 때문에 봄이 일찍 와서 식목일을 3월로 앞당기자는 의견도 있어.

지구 온난화가 뭔데요?

자동차나 공장에서 나오는 연기와 오염 물질 때문에 지구가 점점 뜨거워지는 거란다.

지금도 더운데 더 더워질까 봐 무서워요. 지구 온난화를 막고 싶어요!

나무를 많이 심고, 전기를 아껴 쓰고, 플라스틱 사용을 줄이면 지구 온난화를 막는 데 큰 도움이 된단다.

디지털 독해 확인

1. 빈칸에 알맞은 낱말을 쓰세요.

식목일을 3월로 앞당기자는 의견이 나오는 이유는 지구의 기온이 높아지는 현상인 ☐☐ ☐☐☐ 때문이에요.

2. 지구 온난화를 막기 위한 방법으로 알맞은 것은 무엇인가요?

① 불을 피워 따뜻하게 하기
② 나무를 베고 아파트 짓기
③ 전기를 아낌없이 쓰기
④ 플라스틱을 많이 쓰기
⑤ 나무를 많이 심기

역사

4·19 혁명 기념일

4월 19일

1960년 4월 19일은 학생과 시민이 함께 부정한 정치에 맞서 싸운 날입니다. 모든 국민이 자유롭고 평등한 민주주의를 지키기 위해 용감하게 나선 것이지요.

4·19 혁명의 원인은 그해 3월 15일에 있었던 부정 선거입니다. 정직하지 않은 방법으로 선거가 치러지자, 학생들과 시민들이 거리로 나와 항의하기 시작했습니다. 하지만 경찰이 무리하게 진압했고, 그 과정에서 열여섯 살 김주열 학생이 목숨을 잃었습니다. 이 사건이 알려지며 4월 19일에 전국적인 시위가 일어났지요.

많은 사람이 희생되었지만, 시민들과 학생들의 용기 있는 행동 덕분에 잘못된 정치를 하고 있던 대통령이 물러나게 되었습니다. 우리나라는 더 나은 민주주의 국가로 나아갈 수 있게 되었지요. 그래서 4월 19일을 4·19 혁명 기념일로 정해 자유와 정의의 소중함을 잊지 않도록 했습니다.

총이나 방패 없이도 민주주의를 지킬 수 있습니다. 국민의 권리인 선거에 참여해 투표로 내 생각을 표현해야 합니다. 뉴스나 신문을 보고 우리 사회에 관심을 가지는 것도 중요합니다. 4·19 민주 묘지를 방문해 희생된 분들을 기리고, 민주주의의 정신을 되새기는 것도 민주주의를 지키는 방법입니다. 또 친구들과 의견이 다를 때 서로의 생각을 존중하는 것 역시 민주적인 태도랍니다.

오늘의 어휘

- **부정** 바르지 않거나 옳지 못함.
- **정치** 나라를 다스리는 일.
- **민주주의** 나라의 일을 국민이 스스로 정하는 제도.
- **혁명** 이전의 것에서 벗어나 국가, 사회, 경제 등을 새롭게 고치는 일.
- **선거** 대표나 임원을 투표로 뽑는 일.
- **항의** 마음에 들지 않는 생각이나 반대하는 의견을 주장함.
- **진압** 말이나 힘으로 강하게 눌러서 그치게 함.
- **희생** 어떤 사람이나 목적을 위해 자신의 목숨, 재산 등을 바침.
- **정의** 바르고 옳은 행동이나 생각.
- **투표** 선거를 하거나 무슨 일을 결정할 때에 뜻을 표시하여 내는 것.

핵심 내용

4·19 혁명 기념일은 [ ][ ][ ][ ]를 지키기 위한 학생들과 시민들의 용기 있는 행동을 기념하는 날입니다.

독해 확인

1. 4·19 혁명이 일어난 이유는 무엇인가요?

① 나라가 전쟁을 해서
② 학생들이 공부하기 싫어서
③ 대통령이 외국으로 떠나서
④ 부정 선거가 치러져서
⑤ 비가 많이 와서

2. 4·19 혁명 때, 사람들이 지키려고 했던 소중한 가치는 무엇인가요?

① 돈 ② 친구 ③ 민주주의
④ 운동 ⑤ 재미

3. 민주적인 태도로 알맞지 않은 것은 무엇인가요?

① 선거에 참여해 투표하기
② 뉴스를 보고 사회에 관심 가지기
③ 다른 친구의 생각을 존중하기
④ 큰 소리로 말하기
⑤ 4·19 민주 묘지에 가 보기

4. 다음 중 4·19 혁명으로 자리에서 물러난 사람에 ○표 하세요.

김주열 학생 대통령 뉴스 진행자

어휘 확인

1. 뜻에 알맞은 낱말을 골라 ○표 하세요.

(1) 바르고 옳은 행동이나 생각. (정의 | 정신)

(2) 바르지 않거나 옳지 못함. (부정 | 인정)

(3) 말이나 힘으로 강하게 눌러서 그치게 함. (진심 | 진압)

2. 빈칸에 알맞은 낱말을 보기 에서 찾아 쓰세요.

보기	선거	정치	민주주의

(1) 우리나라에는 (   )를 지키기 위해 희생한 분들이 많아요.

(2) 누나는 반장 (   )에 나가기 위해 연설문을 썼어요.

(3) 나는 (   ) 전문 기자가 되고 싶어서 뉴스를 열심히 봐요.

앗 나의 실수! 맞춤법 알기

일기를 보고 틀린 글자를 찾아 바르게 고쳐 쓰세요.

4월 19일 일요일 날씨

아빠와 함께 4·19 민주 묘지에 갔다.
민주주의를 지키기 위해 목숨을 읽은 분들이
이렇게 많다니 정말 놀랐다.

바르게 고쳐요. (→)

디지털 독해

사이버 참배가 뭐예요?

멀리 살아서 묘지에 직접 가지 못해도,
감사의 마음을 전할 수 있도록 만든 서비스예요.

어디에서 할 수 있나요?

국립 4·19 민주 묘지 누리집에 접속해요.
'사이버 참배'를 누르면 참배를 하거나
하늘 편지를 쓸 수 있어요.

하늘 편지는 어떻게 써요?

고마운 분께 하고 싶은 말을 정성껏 적은 다음,
'보내기' 버튼을 누르면 돼요!

왜 사이버 참배를 하나요?

민주주의를 위해
애쓴 분들을 마음으로
기억하는 방법이에요.
멀리 있어도 감사한 마음을
전할 수 있지요!

■ **참배** 무덤이나 기념비 앞에서 돌아가신 분을 간절히 생각함.

디지털 독해 확인

1. 4·19 민주 묘지에 직접 가지 못할 때, 인터넷으로 고마운 마음을 전하는 방법은 무엇인가요?

□□□ □□

2. 사이버 참배에 대한 설명으로 알맞은 것은 무엇인가요?

① 컴퓨터 게임을 할 수 있는 서비스예요. ② 직접 묘지에 가야만 글을 쓸 수 있어요.
③ 편지는 가족에게만 쓸 수 있어요. ④ 인터넷으로 감사한 마음을 전할 수 있어요.
⑤ 편지를 보내면 선물이 도착해요.

사회

장애인의 날

4월 20일

장애인의 날은 사람들이 장애인을 더 이해하고, 장애인이 힘을 내어 살아가도록 돕기 위해 정했습니다. 이날 전국 곳곳에서는 다양한 기념 행사가 열리고, 학교에서는 장애 이해 교육이 이루어집니다. 장애 이해 교육이란 장애를 이해하고 장애의 다양성을 존중하기 위한 교육으로 장애 관련 영상을 보거나 장애인들의 불편함을 직접 느껴보는 체험 등의 활동을 합니다.

장애인은 신체나 감각, 또는 마음의 일부 기능이 불편한 사람을 말합니다. 앞을 보는 데에 어려움을 겪는 시각 장애인, 소리를 듣는 데에 어려움을 겪는 청각 장애인 등이 있습니다. 말과 행동이 불편하거나 사회적 관계를 맺는 데에 어려움을 겪는 발달 장애인도 있지요. 장애는 특별한 것이 아니라, 누구에게나 생길 수 있는 일입니다.

우리는 장애인을 편견 없이 바라보고, 필요할 때에는 배려하며 도와야 합니다. 지팡이나 휠체어를 사용하는 친구에게 길을 비켜 주고, 소리가 잘 안 들리는 친구에게는 입 모양이 잘 보이도록 또박또박 말해 주면 도움이 됩니다. 무엇보다 가장 중요한 것은 도움을 줄 때 상대의 마음을 먼저 생각하고 물어보는 것입니다.

장애인의 날은 '함께'의 가치를 생각하는 날입니다. 우리는 각기 다른 사람이지만 상대를 위한 배려와 올바른 이해가 있다면 더불어 행복하게 살아갈 수 있습니다. 다양성을 인정하고 서로를 존중할 때 우리 사회는 더 따뜻하고 건강해집니다.

오늘의 어휘

- **장애** 신체 기관이 원래의 기능을 하지 못하거나 정신 능력에 부족함이 있는 상태.
- **다양성** 모양, 형태, 생각 등이 여러 가지로 많은 특성.
- **신체** 사람의 몸.
- **감각** 눈, 코, 귀, 혀, 피부로 보고, 듣고, 느끼는 것.
- **편견** 공평하지 못하고 한쪽으로 치우친 생각.
- **배려** 도와주거나 보살펴 주려고 마음을 씀.
- **가치** 어떤 대상이 가진 중요성.

핵심 내용

☐☐☐의 날에는 장애를 이해하고 장애의 다양성을 존중하는 법을 배웁니다.

독해 확인

1. 장애인의 날을 기념하는 이유로 알맞은 것은 무엇인가요?

① 장애인을 위한 운동 경기를 열기 위해서

② 장애인의 수를 조사하기 위해서

③ 장애에 대해 올바르게 알고, 함께 살아가는 사회를 만들기 위해서

④ 장애인의 날에 학교에서 공부를 안 하기 위해서

⑤ 장애인을 모두 같은 방법으로 도와주기 위해서

2. 장애인을 배려하는 행동으로 알맞지 않은 것은 무엇인가요?

① 휠체어를 사용하는 친구에게 길을 비켜 준다.

② 소리가 잘 안 들리는 친구에게 입 모양이 잘 보이도록 말해 준다.

③ 장애인 친구가 말할 때 자꾸 끼어든다.

④ 도움이 필요한지 먼저 물어본다.

⑤ 함께 어울릴 수 있도록 먼저 말을 건다.

3. 장애에 대한 설명으로 알맞은 것은 무엇인가요?

① 배려할 필요 없는 일이다.

② 이상한 사람에게만 생긴다.

③ 남의 일이니 신경 쓸 필요가 없다.

④ 누구에게나 생길 수 있다.

⑤ 눈에 보이는 것만 장애다.

4. 다음 중 함께 살아가는 사회를 위해 필요한 것에 모두 ○표 하세요.

편견 인정 존중 배려 차별

어휘 확인

1. 뜻에 알맞은 낱말을 골라 ○표 하세요.

(1) 눈, 코, 귀, 혀, 피부로 보고, 듣고, 느끼는 것. (감각 | 감동)

(2) 모양, 형태, 생각 등이 여러 가지로 많은 특성. (다양성 | 획일성)

(3) 어떤 대상이 가진 중요성. (가격 | 가치)

2. 빈칸에 알맞은 낱말을 보기 에서 찾아 쓰세요.

보기	배려	신체	편견

(1) 다리를 다쳤을 때 친구들이 (　　　　　)해 줘서 쉴 수 있었어요.

(2) 선생님께서는 우리에게 (　　　　　)을 버리고 공평하게 생각하라고 하셨어요.

(3) 규칙적인 운동을 하면 (　　　　　)가 튼튼해져요.

소리가 같은 말

아래 두 문장 중 낱말이 바르게 쓰인 문장에 ○표 하세요.

친구와 **같이** 수영을 했더니 기분이 참 좋아요. ············ (　　)

친구와 **가치** 수영을 했더니 기분이 참 좋아요. ············ (　　)

같이

둘 이상의 사람이나 사물이 함께.

가치

어떤 대상이 가진 중요성.

▶ '같이'와 '가치'는 읽었을 때의 소리는 똑같이 [가치]이지만, 형태와 뜻은 완전히 다른 낱말이랍니다. 소리만 듣고 헷갈리지 않으려면, 문장의 앞뒤를 보고 그 의미를 잘 살펴보아야겠지요!

디지털 독해

어린이 계림북스 신문

의족을 달고 우주로! 장애인 우주 비행사 이야기

사람들이 공중에 떠 있어요. 그런데 그중 한 남성은 오른쪽 다리 대신 로봇처럼 생긴 의족을 달고 있어요. 이 사람은 바로 세계 최초의 장애인 우주 비행사, '존 맥폴'이에요.

존은 어릴 때 사고로 오른쪽 다리를 잃었지만, 꿈을 포기하지 않았어요. 오랜 시간 열심히 훈련하며 우주 비행사에 도전했지요. 특히 몸에 강한 힘이 가해지는 훈련을 이겨내기 위해 왼쪽 다리와 양팔의 힘을 길렀어요. 존은 장애가 있어도 할 수 있다는 것을 세상에 보여 주었어요. 정말 멋진 용기지요!

박솔잎 기자

■ **의족** 다리나 발이 없는 사람이 대신 사용할 수 있도록 만든 도구.

디지털 독해 확인

■ **존 맥폴에 대한 설명으로 알맞지 않은 것은 무엇인가요?**

① 세계 최초의 장애인 우주 비행사이다.
② 오른쪽 다리에 의족을 달고 있다.
③ 사고로 팔을 다쳐 우주 비행사가 되지 못했다.
④ 훈련을 이겨내기 위해 왼쪽 다리와 양팔의 힘을 길렀다.
⑤ 장애가 있어도 할 수 있다는 것을 세상에 보여 주었다.

과학의 날 4월 21일

과학의 날은 우리나라에 과학 기술처가 처음 만들어진 날을 기념하여 생겼습니다. 과학 기술의 중요성을 알리고 과학에 대한 관심을 높이기 위해 만든 날이지요.

과학의 날에는 과학을 체험하고 즐길 수 있는 다양한 행사가 열립니다. 학교, 과학관, 과학 창의 재단 등에서는 실험, 전시, 퀴즈 대회 같은 행사를 진행합니다. 로봇을 조종하고, 태양 빛으로 움직이는 자동차를 만들면서 과학을 더 가깝게 느낄 수 있습니다. 또한 과학의 날 기념식에서는 과학 기술 발전에 힘쓴 사람들에게 상을 주어 그 업적을 칭찬하고 기억합니다.

과학 기술은 우리 생활을 더 편리하게 만들고, 나라를 발전시키는 힘이 됩니다. 우리가 쓰는 스마트폰, 냉장고, 전기밥솥도 모두 과학 기술로 만들어졌지요. 스마트폰 안에는 반도체가 들어 있어서 사진을 찍거나 게임을 할 수 있고, 정보 통신 기술 덕분에 멀리 있는 사람과도 바로바로 문자를 주고받을 수 있습니다. 우리나라는 반도체와 정보 통신 기술 분야에서 세계적으로 뛰어난 실력을 가진 나라입니다.

과학을 좋아하는 마음은 '왜 그럴까?' 하고 궁금해 하는 데서 시작됩니다. 궁금한 것은 실험하여 스스로 답을 찾고, 과학자의 마음으로 관찰하고 생각하면 전에는 보지 못했던 훌륭한 발견을 하게 될지도 모릅니다. 그리고 과학이 점점 더 재미있고 친근하게 느껴질 것입니다.

오늘의 어휘

- **과학 기술처** 과학 기술의 발전을 위한 정책을 만들고 관련 업무를 하던 기관. 1988년 과학 기술부로 바뀜.
- **과학 기술** 과학을 이용해서 사람들에게 도움이 되는 물건이나 방법을 만드는 기술.
- **실험** 어떤 사실이나 원리를 알아보려고 직접 해 보는 일.
- **업적** 사업이나 연구를 해서 이룬 좋은 결과.
- **반도체** 전기가 통하는 성질과 통하지 않는 성질을 모두 가진 물체.
- **정보 통신 기술** 정보를 빠르게 주고받거나, 저장하고 관리할 수 있게 해 주는 기술.

핵심 내용

과학의 날은 □□ □□의 중요성을 알리고 관심을 높이기 위한 날입니다.

독해 확인

1. 과학의 날이 생긴 이유로 알맞은 것은 무엇인가요?

① 과학자들이 회의하기 위해서
② 실험을 더 많이 하기 위해서
③ 과학 기술의 중요성을 알리기 위해서
④ 과학 공부를 쉽게 하려고
⑤ 과학관을 새로 만들기 위해서

2. 과학의 날 행사에서 하는 활동이 아닌 것은 무엇인가요?

① 실험하기
② 과학 퀴즈 풀기
③ 로봇 조종하기
④ 태양 빛으로 움직이는 자동차 만들기
⑤ 제자리멀리뛰기

3. 우리 생활에 쓰이는 과학 기술이 아닌 것은 무엇인가요?

① 냉장고
② 전기밥솥
③ 스마트폰
④ 동화책
⑤ 인터넷

4. 우리나라가 특히 뛰어난 과학 기술 두 가지를 글에 나온 대로 쓰세요.

□□□, □□ □□ □□

어휘 확인

1. 빈칸에 알맞은 낱말을 보기 에서 찾아 쓰세요.

보기 과학 기술 실험 업적

(1) (   ) 덕분에 우리는 외국에 사는 친구와 영상 통화를 할 수 있어요.

(2) 친구와 함께 화산 모형을 만들고 분출하는 (   )을 해 보았어요.

(3) 세종 대왕은 한글을 만든 (   )으로 우리에게 오래도록 기억되고 있어요.

2. 낱말과 낱말의 뜻을 알맞게 연결하세요.

실험 •	• 어떤 사실이나 원리를 알아보려고 직접 해 보는 일.
반도체 •	• 정보를 빠르게 주고받거나, 저장하고 관리할 수 있게 해 주는 기술.
정보 통신 기술 •	• 전기가 통하는 성질과 통하지 않는 성질을 모두 가진 물체.

알쏭달쏭 낱말 퍼즐

❶		❷		❹❹	
		❸ 석	주	명	

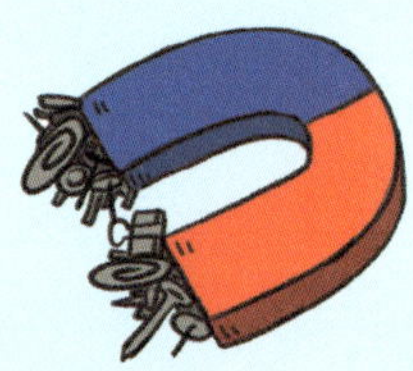

가로 열쇠

❶ 과학에 대해 연구하고 새로운 사실을 찾는 사람.

❸ 나비를 열심히 연구한 우리나라의 과학자.

❹ 로켓, 활 등을 목표를 향하여 쏘는 일.

세로 열쇠

❷ 쇠를 끌어당기는 힘이 있는 물체.

❹ 없던 물건이나 방법을 처음으로 만들어 냄.

디지털 독해

대한 과학관 이용 안내 전시 교육 행사 예약 소개

마이페이지 전시해설 안내 행사 전체일정

과학의 날 기념! 인증 숏 이벤트

어린이 여러분의 과학관 방문을 환영합니다!
과학관 1층 '로켓 전시관'에서 사진을 찍은 후 SNS에 올려 보세요. SNS 화면을 과학관에 있는 선생님께 보여 주면 기념 선물을 받을 수 있답니다.
과학관에 준비된 과학자 옷을 입고 사진을 찍으면 선물이 두 배!

이벤트 기간은 4월 21일부터 4월 30일까지이고, 어린이라면 누구나 참여할 수 있어요.
우리 모두 과학자가 되어 과학관을 누벼 볼까요?

- **SNS** 온라인상에서 의사소통하고 사진과 영상 등을 나눌 수 있도록 만든 서비스.
- **인증 숏** 자신의 모습이나 행동을 증명하기 위해 찍는 사진.

디지털 독해 확인

1. 이벤트에 참여하려면 해야 하는 일은 무엇인가요?

① 안내 데스크에서 선물을 받는다. ② 자석을 만져 본다.
③ 로켓 전시관에서 사진을 찍는다. ④ 과학 퀴즈를 푼다.
⑤ 과학 포스터를 그린다.

2. 기념 선물을 두 배로 받으려면 사진 찍을 때 무엇을 입어야 하나요?

( )

5월

국경일
기념일
명절
법정 공휴일
법정 기념일
세시 풍속
절기

일	월	화	수	목	금	토
					1 음3.15 노동절	2
3	4	5 어린이날 입하	6	7	8 어버이날	9 세계 철새의 날
10 바다 식목일 양잠인의 날 유권자의 날 한 부모 가족의 날	11 동학 농민 혁명 기념일 입양의 날	12 국제 간호사의 날	13	14 식품 안전의 날	15 가정의 날 세종 대왕 나신 날 스승의 날	16
17 음4.1	18 성년의 날 5·18 민주화 운동 기념일	19 발명의 날	20 세계인의 날	21 문화 다양성의 날 부부의 날 소만	22 국제 생물 다양성의 날	23
24 부처님 오신 날	25 방재의 날 실종 아동의 날	26	27 우주 항공의 날	28	29 의료 기기의 날 해외 파병 용사의 날	30
31 음4.15 바다의 날 세계 금연의 날						

5월에는 무슨 날이 있을까?

주제	시기	의미
노동절	5월 1일	노동자의 수고를 위로하고, 노동이 존중받는 사회를 만들기 위한 날
어린이날	5월 5일	어린이를 소중히 여기고, 올바르고 씩씩하게 자라게 하기 위한 날
입하	5월 5~6일경	여름이 시작되었음을 알리는 절기
어버이날	5월 8일	부모님과 조상의 은혜에 감사하고, 어른과 노인을 공경하는 날
바다 식목일	5월 10일	바다 생태계의 중요성과 바다 사막화의 심각성을 알리고 바다 숲을 가꾸는 날
유권자의 날	5월 10일	선거의 의미를 되새기고 투표에 적극적으로 참여하게 하기 위한 날
한 부모 가족의 날	5월 10일	한 부모 가족에 대한 관심을 높이고 다양한 가족 형태에 대한 이해를 돕기 위한 날
동학 농민 혁명 기념일	5월 11일	1894년, 부패한 사회 제도를 바꾸고, 일본으로부터 나라를 지키려 한 동학 농민 혁명을 기념하며 애국심을 높이는 날
입양의 날	5월 11일	입양 문화를 정착시키고 활성화시키기 위한 날
식품 안전의 날	5월 14일	식품 안전에 대한 관심을 높여서 식품 안전사고를 예방하고 국민의 보건을 나아지게 하는 날
가정의 날	5월 15일	가정의 중요성을 알리고, 건강한 가정을 위해 노력하도록 북돋우는 날
스승의 날	5월 15일	선생님을 공경하고 존중하는 사회적 분위기를 만들어, 선생님의 사기를 높이고 교육 활동에 전념하도록 하는 날
성년의 날	5월 셋째 월요일	만 19세가 된 사람에게 성인으로서의 자부심과 책임감을 갖게 하고, 성년이 되었음을 축하하는 날
5·18 민주화 운동 기념일	5월 18일	1980년, 광주와 전남 지역에서 민주주의를 지키기 위해 벌인 민주화 운동을 기념하고 그 의미를 기억하는 날
발명의 날	5월 19일	발명의 중요성을 인식시키고 발명 의욕을 북돋우는 날
세계인의 날	5월 20일	다양한 민족, 문화권의 사람들이 서로 이해하고 어울려 살아가는 다문화 사회를 만들기 위한 날
문화 다양성의 날	5월 21일	각국의 문화를 존중하고 문화 차이로 인한 갈등을 극복하며 문화 다양성의 중요성을 강조하는 날
실종 아동의 날	5월 25일	실종 아동에 대한 관심을 높이고, 실종을 예방하기 위한 날
우주 항공의 날	5월 27일	우주 항공에 대한 관심을 높이고, 우주 항공 산업을 발전시키기 위한 날
바다의 날	5월 31일	바다 관련 산업의 중요성과 의의를 높이고, 해양에 대한 인식을 북돋우며, 관련 분야 종사자를 격려하는 날

인문

어린이날

5월 5일

어린이날은 어린이들이 마음껏 웃고, 즐거운 추억을 만드는 날입니다. 하지만 단순히 선물을 받고 놀기 위해 정한 날은 아니지요. 어린이가 올바르고 씩씩하게 자라도록 하고, 어린이를 소중히 여기자는 뜻이 담겨 있습니다.

어린이날은 1923년에 처음 만들어졌습니다. 어린이날을 만든 방정환 선생님은 어린이도 어른처럼 소중한 권리를 가진 사람이라고 생각했습니다. 그래서 '어린아이'라는 말 대신 존중의 의미를 가진 '어린이'라는 말을 처음 쓰기 시작했습니다. 또 어린이를 위한 특별한 날을 만들자고 제안했지요. 처음에는 어린이날이 5월 1일이었지만, 나중에는 5월 5일로 바뀌어 현재까지 유지되고 있습니다. 우리나라뿐만 아니라 세계 여러 나라에서도 어린이날을 기념하는데, 나라마다 날짜와 방식은 조금씩 다릅니다.

어린이날이 되면 놀이공원, 과학관, 도서관 등에서 다양한 행사가 열립니다. 가족과 함께 공연을 보거나 만들기 체험을 하며 신나는 하루를 보낼 수 있지요. 또 모범 어린이와 어린이를 위해 애쓴 분들에게 상을 주는 뜻깊은 행사도 열립니다.

어린이가 친구와 협동하고, 예의 바르게 행동하며, 씩씩하게 자라기를 바라는 것이 어린이날의 참된 의미입니다. 이날을 통해 어른들은 어린이가 얼마나 소중한 존재인지를 생각하고, 어린이들은 서로를 배려하는 마음을 키울 수 있습니다.

오늘의 어휘

- **추억** 예전에 있었던 일을 다시 떠올림.
- **제안** 생각이나 의견을 다른 사람에게 말함.
- **유지** 상태나 상황이 변함없이 계속됨.
- **방식** 어떤 일을 하는 정해진 방법.
- **체험** 어떤 일을 실제로 해 봄.
- **협동** 힘을 모아 함께 일을 하는 것.
- **예의** 존경의 뜻을 표현하는 말투나 행동.
- **존재** 실제로 있는 대상.

핵심 내용

☐☐☐☐을 통해 어린이가 얼마나 소중한 존재인지 생각해 볼 수 있습니다.

독해 확인

1. 어린이날에 담긴 뜻으로 알맞은 것은 무엇인가요?

① 어린이에게 숙제를 많이 내는 날
② 어린이가 먹고 싶은 음식만 먹는 날
③ 어린이가 용돈을 받는 날
④ 어린이를 소중하게 여기고 바르게 자라길 바라는 날
⑤ 어른들이 운동을 열심히 하는 날

2. 어린이날에 할 수 있는 활동으로 알맞지 않은 것은 무엇인가요?

① 공원에 가서 새집 만들기 체험하기
② 공연장에서 마술 쇼 구경하기
③ 운동장에 쓰레기 버리기
④ 놀이공원에서 폭죽놀이 구경하기
⑤ 어린이 축제에 참여하기

3. 어린이날에 하는 어린이의 행동 중 가장 바람직한 것은 무엇인가요?

① 할아버지께 선물을 사 달라고 조른다.
② 부모님께 예의 바르게 행동한다.
③ 밥 대신 맛있는 간식만 많이 먹는다.
④ 하루 종일 게임만 한다.
⑤ 선물만 받고 아무 말도 하지 않는다.

4. 빈칸에 알맞은 낱말을 쓰세요.

어린이날을 반는 ☐☐☐ 선생님은 어린이노 어른처럼 권리를 가지고 있기 때문에 존중받아야 한다고 생각했어요.

어휘 확인

1. 뜻에 알맞은 낱말을 골라 ○표 하세요.

(1) 존경의 뜻을 표현하는 말투나 행동. (예의 | 의리)

(2) 어떤 일을 실제로 해 봄. (체온 | 체험)

(3) 상태나 상황이 변함없이 계속됨. (유익 | 유지)

2. 빈칸에 알맞은 낱말을 보기에서 찾아 쓰세요.

보기: 추억 제안 협동

(1) 쉬는 시간에 친구들에게 공기놀이를 하자고 (　　　　)했어요.

(2) 모둠 친구들과 (　　　　)해서 환경 보호 포스터를 완성했어요.

(3) 여름 방학에 할머니와 함께 다녀온 바닷가 여행은 잊지 못할 (　　　　)이에요.

생활 속 낱말 활용

그림을 보고 빈칸에 공통으로 들어갈 낱말을 쓰세요.

갯벌 □□

농장 □□

소방관 □□

디지털 독해

■ **헌장** 어떠한 사실에 대한 약속을 지키기 위하여 정한 규칙.

디지털 독해 확인

1. 친구들이 카카오 농장의 어린이를 걱정한 이유는 무엇인가요?

① 어린이가 시험을 못 봐서 ② 어린이가 일을 너무 오래 해서
③ 어린이가 장난감을 잃어버려서 ④ 선생님께 혼이 나서
⑤ 친구들에게 놀림받을까 봐

2. 우리나라에서 아동을 존중하고 보호하기 위해 만든 헌장은 무엇인가요?

□□ □□ 헌장

어버이날

5월 8일

어버이날은 우리를 낳고 길러 주신 부모님께 고마운 마음을 전하는 날입니다. 이 날에는 부모님께 편지를 쓰거나 선물을 준비하여 감사의 마음을 표현하지요. 처음에는 어머니께만 감사하는 '어머니날'이었지만, 아버지께도 고마움을 전하자는 의견이 모이면서 1973년부터 '어버이날'로 바뀌었답니다.

어버이날에는 부모님 가슴에 카네이션을 달아 드립니다. 카네이션의 **꽃말**은 사랑과 존경이에요. 카네이션을 달아 드리면서 부모님께 사랑과 존경의 마음을 전달하는 것이지요. 또한 부모님이 좋아하시는 음식을 만들어 드리거나 집안일을 도우며 부모님의 **노고**에 **보답**하기도 합니다. 큰 선물이 아니더라도, 정성이 담긴 말과 따뜻한 **포옹**만으로도 부모님은 큰 감동을 받으십니다.

어버이날은 부모님의 은혜에 감사하는 날일 뿐 아니라, 우리 주변의 모든 어른과 노인을 **공경**하는 뜻도 담고 있습니다. 그래서 어버이날이 있는 주간에는 민속놀이, 노인 백일장 등 노인을 위한 행사도 열립니다. 우리도 주변의 할머니, 할아버지께 따뜻한 인사를 드리면서 감사한 마음을 전할 수 있지요.

부모님께 고마운 마음을 전하는 것은 어버이날 하루만 잘한다고 충분한 것이 아닙니다. **평소**에도 부모님께 "사랑해요.", "감사해요."와 같이 마음을 표현하는 말을 자주 하고, 스스로 숙제를 하거나 방을 정리하는 등의 행동을 하면 부모님께는 큰 선물이 될 것입니다.

오늘의 어휘

- **꽃말** 꽃의 종류에 따라 특별한 의미를 붙인 말.
- **노고** 힘들게 애쓴 일.
- **보답** 다른 사람이 나에게 잘해 준 것을 고마워하며 되갚음.
- **포옹** 서로 껴안음.
- **공경** 공손히 받들어 모심.
- **평소** 특별한 일이 없는 보통 때.

핵심 내용

5월 8일 어버이날은 ☐☐☐께 고마운 마음을 전하는 날입니다.

독해 확인

1. 글을 읽고 알 수 있는 내용이 아닌 것은 무엇인가요?

① 어버이날에는 할머니, 할아버지께도 감사 인사를 드릴 수 있다.
② 부모님께는 "사랑해요." 같은 말도 큰 선물이 될 수 있다.
③ 숙제를 스스로 하는 것도 감사한 마음을 전하는 방법이다.
④ 어버이날에는 무조건 비싼 선물을 드려야 한다.
⑤ 평소에도 부모님께 고마운 마음을 표현하는 것이 좋다.

2. 부모님께 감사한 마음을 전하기 위해 하는 일이 아닌 것은 무엇인가요?

① 부모님께 편지를 쓴다.
② 선물을 준비해서 드린다.
③ 집안일을 도와드린다.
④ 친구와 놀이터에 간다.
⑤ 부모님께 감사 인사를 한다.

3. 어머니날이 어버이날로 바뀐 이유는 무엇인가요?

① 아버지를 먼저 생각해서
② 사람들이 꽃을 좋아해서
③ 아버지께도 고마움을 전하자는 의견이 모여서
④ 이름을 바꾸고 싶어서
⑤ 어머니들이 부끄러워해서

4. 부모님께 감사한 마음을 전하기 위해 어버이날에 드리는 꽃은 무엇인가요?

(　　　　　　　　　　)

어휘 확인

1. 낱말과 낱말의 뜻을 알맞게 연결하세요.

보답 •	• 꽃의 종류에 따라 특별한 의미를 붙인 말.
공경 •	• 다른 사람이 나에게 잘해 준 것을 고마워하며 되갚음.
꽃말 •	• 공손히 받들어 모심.

2. 빈칸에 알맞은 낱말을 보기 에서 찾아 쓰세요.

보기 포옹 노고 평소

(1) 내가 속상해서 엉엉 울자 엄마가 따뜻하게 (　　　　　)해 주셨어요.

(2) (　　　　　)에 책과 신문을 꾸준히 읽었더니 글쓰기 실력이 좋아졌어요.

(3) 선생님의 (　　　　　)에 감사하는 마음으로 편지를 썼어요.

포함하는 말

그림과 낱말을 보고, 포함하는 말을 빈칸에 쓰세요.

카네이션 해바라기 장미

아버지 어머니

디지털 독해

2학년 3반 학급 게시판

선생님이 추천하는 어버이날 선물

임지구 선생님

어버이날 선물로 '효도 쿠폰'을 만들어서 드리는 건 어떨까요?
필요한 준비물은 종이, 가위, 색연필이에요. 종이를 예쁜 모양으로 자르고, '심부름하기', '안마하기'처럼 원하는 내용을 적은 다음 색칠하면 완성이에요. 정성스럽게 쓴 편지와 효도 쿠폰을 함께 드리면 부모님께 감사하는 마음이 잘 전해질 거예요.

디지털 독해 확인

1. 효도 쿠폰을 만들 때 필요한 준비물을 모두 쓰세요.

(, ,)

2. 어버이날 선물로 효도 쿠폰을 추천하는 이유로 알맞은 것은 무엇인가요?

① 용돈을 아낄 수 있어서
② 쿠폰 만드는 게 재미있어서
③ 어려운 일을 하지 않아도 되어서
④ 쿠폰을 많이 만들면 상을 받아서
⑤ 부모님께 감사한 마음을 전할 수 있어서

환경

바다 식목일

5월 10일

바다에도 숲이 있다는 것을 알고 있나요? 땅에 나무를 심어 숲을 만들 듯 바다에는 다시마, 미역 같은 해조류를 심어 '바다 숲'을 만든답니다. 우리나라는 바다 숲의 소중함을 알리기 위해 세계 최초로 바다 식목일을 만들었습니다.

해조류가 모여 자라는 바다 숲은 물고기, 조개, 해삼 등의 바다 생물에게 아주 소중한 곳입니다. 물고기는 바다 숲에서 쉬기도 하고 알을 낳기도 합니다. 작은 생물들은 바다 숲 안에서 먹이를 찾아 살아가지요. 바다 숲은 바다 생물에게 꼭 필요한 서식지입니다.

바다 숲을 이루는 해조류는 햇빛을 받고 자라면서 지구를 뜨겁게 만드는 기체인 이산화 탄소를 없애 줍니다. 해조류가 많아지면 이산화 탄소는 줄어들고, 지구 온난화도 막을 수 있습니다. 하지만 해조류가 사라지면 그 자리에 바위만 남아 흰색으로 변하는데 이것을 '바다 사막화'라고 합니다. 바다 사막화는 바다 생물의 종류와 수를 줄어들게 만듭니다. 반대로 바다 숲이 많아지면 바다 생물이 늘어나고, 어민들의 생활도 더 나아집니다.

바다는 우리에게 물고기, 조개, 소금과 같은 먹을거리와 여러 가지 자원을 주는 고마운 곳입니다. 바다 식목일을 통해 우리는 바다를 더욱 소중히 여기고, 바다를 보호하는 마음을 가져야 합니다. 바다에 쓰레기를 버리지 않고 해조류를 심어 바다 숲을 가꾸면, 소중한 바다를 더욱 건강하게 지킬 수 있습니다.

오늘의 어휘

- **해조류** 바닷속에서 자라는 풀처럼 생긴 식물.
- **최초** 맨 처음.
- **서식지** 동물이나 식물이 자리를 잡고 사는 곳.
- **기체** 공기와 같이 일정한 모양과 부피가 없는 물질의 상태.
- **사막화** 사막처럼 변함.
- **어민** 물고기 잡는 일을 직업으로 하는 사람.
- **자원** 산림, 수산물 등과 같이 사람이 생활하는 데 이용하는 원료.

핵심 내용

바다 식목일은 해조류를 심어 [ ][ ] [ ]을 만들고, 이를 통해 바다 생물과 사람 모두에게 유익한 환경을 만드는 날입니다.

독해 확인

1. 바다 숲의 역할로 알맞지 않은 것은 무엇인가요?

① 물고기가 쉬는 곳이다.
② 물고기가 알을 낳는 곳이다.
③ 작은 생물들이 먹이를 찾는 곳이다.
④ 바다 생물들이 사는 집이다.
⑤ 바닷속 오염 물질을 만드는 곳이다.

2. 바다 숲이 지구 온난화에 끼치는 영향으로 알맞은 것은 무엇인가요?

① 지구의 온도를 높인다.
② 이산화 탄소를 만든다.
③ 이산화 탄소를 줄여 지구 온난화를 막는다.
④ 바위가 많아지도록 한다.
⑤ 바다 사막화를 일으킨다.

3. 바다를 지키기 위한 노력으로 알맞지 않은 것은 무엇인가요?

① 바다에 쓰레기를 버리지 않는다.
② 바다 생물을 소중히 여긴다.
③ 바다에 해조류를 심는다.
④ 바다 숲을 없앤다.
⑤ 바다를 소중히 여긴다.

4. 바닷속에 해조류가 사라지고 하얗게 변한 바위만 남아 생물이 살기 어려운 상태를 무엇이라고 하나요?

[ ][ ] [ ][ ][ ]

어휘 확인

1. 뜻에 알맞은 낱말을 골라 ○표 하세요.

(1) 공기와 같이 일정한 모양과 부피가 없는 물질의 상태. (기체 | 액체)

(2) 동물이나 식물이 자리를 잡고 사는 곳. (목적지 | 서식지)

(3) 물고기 잡는 일을 직업으로 하는 사람. (농민 | 어민)

2. 빈칸에 알맞은 낱말을 보기에서 찾아 쓰세요.

보기	해조류	사막화	최초

(1) 이곳은 비가 오랫동안 오지 않아서 (　　　　)되고 있어요.

(2) 서울과 인천을 잇는 경인 고속 도로는 우리나라 (　　　　)의 고속 도로예요.

(3) 미역과 다시마 같은 (　　　　)는 국이나 반찬으로 자주 먹는 재료예요.

한자로 만나는 어휘

한자를 보고, 각 낱말의 빈칸에 들어갈 글자를 쓰세요.

□조류

□군

海

바다 해

□수욕장

□적

디지털 독해

바다 식목일 기념 행사

바다 식목일을 맞아 아래와 같이 기념 행사를 진행합니다.
바다를 지키고 싶은 멋진 어린이들은 모두 참여하세요!

1. 일정
- 2026년 5월 6일~2026년 5월 12일

2. 프로그램
- 작은 바다 숲 만들기 체험(추첨을 통해 50명)
- 바다 숲 애니메이션 보기
- 바다 숲 창작 동화책 읽기
- 바다 식목일 동요 부르기

※작은 바다 숲 만들기 체험에 참여하고 싶은 어린이는 댓글로 신청하세요.

디지털 독해 확인

1. 기념 행사에 대한 설명으로 맞으면 ○, 틀리면 ×표 하세요.

(1) 어른이 참여하는 프로그램이다. ……………………………………………… (　　)

(2) 프로그램 중에는 애니메이션 시청이 있다. ………………………………… (　　)

(3) 작은 바다 숲 만들기 체험은 따로 신청할 필요가 없다. ……………………… (　　)

2. 기념 행사 프로그램으로 알맞지 않은 것은 무엇인가요?

① 바다 식목일 동요 부르기　② 바다 숲 창작 동화책 읽기

③ 작은 바다 숲 만들기 체험　④ 돌고래 쇼 관람

⑤ 바다 숲 애니메이션 보기

사회

유권자의 날 5월 10일

우리는 선거를 통해 나라의 일을 맡길 사람을 뽑습니다. 이렇게 선거할 권리를 가진 사람을 유권자라고 하지요. 우리나라 국민은 만 18세 이상이 되면 유권자가 되어 대통령, **국회 의원**, **시장**, **교육감** 등을 선거로 뽑을 수 있습니다. 유권자의 날은 선거가 얼마나 중요한지 알리고, 유권자를 투표에 적극적으로 참여하도록 하려는 뜻이 담겨 있습니다.

그런데 유권자의 날은 왜 5월 10일일까요? 1948년 5월 10일, 우리나라에서 처음으로 국회 의원을 뽑는 선거가 열렸습니다. 우리 국민이 스스로 나라의 대표를 뽑은 최초의 날을 기념하여 5월 10일을 유권자의 날로 정했답니다.

민주적인 선거는 보통 선거, **평등** 선거, 직접 선거, 비밀 선거라는 네 가지 약속을 지켜야 합니다. 첫째, 보통 선거는 유권자라면 누구나 선거를 할 수 있다는 뜻입니다. 둘째, 평등 선거는 성별, 직업 등에 상관없이 한 사람당 한 표씩 투표한다는 뜻이에요. 셋째, 직접 선거는 다른 사람을 시키지 않고 자기가 직접 투표해야 한다는 뜻입니다. 마지막으로, 비밀 선거는 자기가 누구를 뽑았는지 비밀이 지켜진다는 뜻이지요.

투표는 유권자의 소중한 권리이자 의무입니다. **공정한** 사회를 만들기 위해서는 유권자 한 사람 한 사람의 관심과 참여가 꼭 필요합니다. 우리가 **책임감**을 가지고 올바른 선택을 하면, 우리 사회는 더 안전하고 평등해질 수 있습니다.

오늘의 어휘

- **국회 의원** 국민이 뽑은 대표로, 국회에서 법을 만들고 나랏일을 결정하는 사람.
- **시장** 시(서울시, 강릉시 등)를 맡아 다스리는 책임자.
- **교육감** 학교와 교육에 대한 일을 맡아 관리하는 사람.
- **평등** 차별 없이 모두에게 똑같이 대함.
- **공정하다** 누구에게나 똑같이 공평하고 올바르다.
- **책임감** 맡은 일을 끝까지 중요하게 생각하는 마음.

핵심 내용

☐☐☐의 날은 선거의 중요성을 알리고, 투표에 적극적으로 참여하게 하기 위한 날입니다.

독해 확인

1. 유권자의 날이 5월 10일인 이유로 알맞은 것은 무엇인가요?

① 첫 대통령을 임명한 날이라서
② 처음으로 국민 스스로 국회 의원을 뽑은 날이라서
③ 우리나라의 헌법이 만들어진 날이라서
④ 우리나라의 이름을 정한 날이라서
⑤ 투표가 공정하지 않다고 크게 항의한 날이라서

2. 투표할 때 유권자가 가져야 할 태도로 알맞은 것은 무엇인가요?

① 어떤 후보가 인기 있는지만 보고 고른다.
② 투표를 안 해도 상관없다고 생각한다.
③ 책임감을 가지고 신중하게 선택한다.
④ 다른 사람이 고른 후보를 따라 뽑는다.
⑤ 누가 나에게 선물을 줄지 보고 결정한다.

3. 선거할 때 지켜야 하는 약속과 약속의 뜻을 알맞게 연결하세요.

보통 선거 •	• 다른 사람을 시키지 않고 직접 투표함.
평등 선거 •	• 누굴 뽑았는지 비밀이 지켜짐.
직접 선거 •	• 한 사람당 한 표씩 투표함.
비밀 선거 •	• 유권자라면 누구나 선거할 수 있음.

어휘 확인

1. 뜻에 알맞은 낱말을 골라 ○표 하세요.

(1) 맡은 일을 끝까지 중요하게 생각하는 마음. (책임감 | 자신감)

(2) 누구에게나 똑같이 공평하고 올바르다. (공정하다 | 다정하다)

(3) 차별 없이 모두에게 똑같이 대함. (평화 | 평등)

2. 뜻에 알맞은 낱말을 보기에서 찾아 쓰세요.

보기: 국회 의원 / 시장 / 교육감

(1) 시(서울시, 강릉시 등)를 맡아 다스리는 책임자. (   )

(2) 국민이 뽑은 대표로, 국회에서 법을 만들고 나랏일을 결정하는 사람. (   )

(3) 학교와 교육에 관한 일을 맡아 관리하는 사람. (   )

만화로 다시 보는 어휘

그림과 대화를 보고 빈칸에 알맞은 낱말을 쓰세요.

디지털 독해

디지털 독해 확인

1. 표에 대한 설명으로 맞으면 ○, 틀리면 ×표 하세요.
   - (1) 두 연도 모두 10대 유권자 수의 비율이 가장 낮다. ·························· (　　)
   - (2) 2020년보다 2024년에 70대 이상 유권자 수의 비율이 늘어났다. ········ (　　)
   - (3) 2020년에는 30대 유권자 수의 비율이 가장 높다. ·························· (　　)

2. 2024년 국회 의원 선거에서 유권자 수의 비율이 가장 높은 연령대는 무엇인가요?

   ① 10대　② 20대　③ 40대
   ④ 50대　⑤ 60대

직업

스승의 날

5월 15일

스승의 날은 선생님께 감사한 마음을 전하는 특별한 날입니다. 예로부터 선생님은 학생들이 잘 배우고 올바르게 자라도록 돕는 중요한 역할을 했습니다. 스승의 날은 선생님이 자부심을 가지고 즐겁게 가르칠 수 있도록, 선생님을 존중하고 공경하자는 뜻을 담고 있습니다.

스승의 날인 5월 15일은 세종 대왕의 탄신일이기도 합니다. 세종 대왕은 한글을 창제하여 백성들이 말과 글을 깨우치게 하였고 우리나라의 문화와 교육 발전에 큰 업적을 남겼습니다. 그래서 우리 겨레의 참스승인 세종 대왕의 탄신일을 스승의 날로 정한 것입니다.

학생들은 스승의 날을 맞아 선생님께 카네이션을 달아 드리고 노래를 불러 드립니다. 옛 선생님께 찾아가거나 전화를 걸어 안부를 전하기도 하지요. 어떤 방법으로 표현하는지보다 중요한 것은 선생님께 진심으로 감사한 마음을 갖는 것입니다. 감사의 마음을 전하면서 선생님과 학생 사이는 더욱 돈독해지고, 선생님은 더 열심히 가르칠 수 있는 힘을 얻습니다.

선생님은 학교에만 있는 것이 아닙니다. 운동선수, 과학자, 의사 등 대부분의 사람들은 누군가에게 배우면서 성장하는데, 그 가르침을 주는 사람들이 모두 선생님이지요. 우리는 스승의 날을 통해 배움과 선생님의 소중함을 다시 한번 깨닫습니다.

오늘의 어휘

- **스승** 가르쳐서 인도하는 사람.
- **자부심** 자기 자신 또는 자기와 관련되어 있는 것에 대하여 스스로 믿고 당당히 여기는 마음.
- **탄신일** 임금이나 위대한 사람이 태어난 날.
- **창제** 전에 없던 것을 처음으로 만듦.
- **백성** 옛날에 일반 국민을 이르던 말.
- **겨레** 같은 핏줄을 이어받은 사람들.
- **안부** 어떤 사람이 편안하게 잘 지내고 있는지 그렇지 아니한지에 대한 소식.

핵심 내용

스승의 날은 [ ][ ][ ] 께 존경과 감사의 마음을 표현하고 배움의 소중함을 되새기는 뜻깊은 날입니다.

독해 확인

1. 스승의 날의 의미로 알맞은 것은 무엇인가요?
   ① 학교에서 체육 대회를 하는 날이에요.
   ② 선생님께 값비싼 선물을 드리는 날이에요.
   ③ 선생님의 노고를 생각하고 존경과 감사를 전하는 날이에요.
   ④ 과학자가 연구 결과를 발표하는 날이에요.
   ⑤ 선생님이 바쁘게 일하는 날이에요.

2. 스승의 날에 선생님께 하는 행동으로 알맞지 않은 것은 무엇인가요?
   ① 선생님께 노래를 불러 드리기
   ② 선생님께 카네이션을 달아 드리기
   ③ 옛 선생님께 안부 인사 드리기
   ④ 선생님께 감사 편지 쓰기
   ⑤ 선생님께 간식 사 달라고 조르기

3. 선생님에 대한 설명으로 알맞지 않은 것은 무엇인가요?
   ① 축구를 가르쳐 주는 감독님도 선생님이에요.
   ② 선생님은 학교에만 있어요.
   ③ 과학자도 선생님에게 배우면서 성장해요.
   ④ 한글을 만든 세종 대왕은 백성들에게 훌륭한 선생님이었어요.
   ⑤ 선생님은 여러 직업에서 가르침을 주는 역할을 해요.

4. 빈칸에 알맞은 낱말을 쓰세요.

스승의 날이 5월 15일인 이유는 겨레의 참스승인 [ ][ ] [ ][ ] 의 탄신일이기 때문이에요.

어휘 확인

1. 빈칸에 알맞은 낱말을 보기 에서 찾아 쓰세요.

보기 | 자부심 | 스승 | 안부

(1) 나는 우리나라의 문화유산을 많이 아는 것에 (　　　　　)을 가지고 있어요.
(2) 친한 친구가 멀리 이사 가서 가끔 문자로 (　　　　　)를 주고받아요.
(3) 훌륭한 (　　　　　)에게 배운 덕분에 수영 실력이 빨리 늘었어요.

2. 낱말과 낱말의 뜻을 알맞게 연결하세요.

탄신일 •	• 같은 핏줄을 이어받은 사람들.
창제 •	• 전에 없던 것을 처음으로 만듦.
겨레 •	• 임금이나 위대한 사람이 태어난 날.

아하! 헷갈리기 쉬운 말

아래 두 문장 중 낱말이 바르게 쓰인 문장에 ○표 하세요.

선생님께서 쉽게 가르쳐 주신 덕분에 문제를 다 풀었어요. ……(　　　)
선생님께서 쉽게 가리켜 주신 덕분에 문제를 다 풀었어요. ……(　　　)

가르치다

지식이나 기능을
깨닫게 하거나
익히게 하다.

가리키다

손가락 등으로
방향이나 대상을
집어 보이거나 알리다.

▶ '가르치다'와 '가리키다'는 비슷하게 생겼지만 뜻은 완전히 다르답니다.
[예] 가리키다: 엄마는 손가락으로 시계를 가리켰어요.

디지털 독해

t - - - each • 팔로잉

◎참여 기간: 5월 11일(월)~5월 15일(금)
◎참여 대상: 초등학생 누구나
◎참여 방법: 아래 주소로 우편 접수
(서울특별시 마포구 스승로 35)
◎우수작 혜택
- 최우수상 1명 도서 상품권 10만원권
- 우수상 3명 도서 상품권 5만원권
◎우수작 발표
5월 22일(금) 게시물 공지 및 개별 연락
◎우수작 선정 기준: 선생님에 대한 감사와 존경의 마음을 손 편지로 잘 표현했는가

#스승의날 #손편지 #손편지로마음을전해요
#선생님감사해요 #선생님사랑해요

좋아요 1256개

디지털 독해 확인

1. 행사에 참여하기 위해 써야 하는 것은 무엇인가요?

( )

2. 행사에 대한 설명으로 알맞은 것은 무엇인가요?
   ① 중학생만 참가할 수 있다.
   ② 이메일로 손 편지를 보내야 한다.
   ③ 우수작은 6월 1일에 발표된다.
   ④ 손 편지에 감사와 존경의 마음을 담아야 한다.
   ⑤ 최우수상으로 뽑히면 학용품 세트를 준다.

역사

5·18 민주화 운동 기념일

5월 18일

1980년 5월, 광주에서는 민주주의를 지키기 위한 대규모 시위가 일어났습니다. 많은 시민들과 학생들이 **부당한** 방법으로 나라를 **장악**한 군대에 맞서 싸웠습니다. 국민의 뜻이 존중받는 나라, 모두가 자신의 생각을 자유롭게 말할 수 있는 나라를 만들기 위해 용기를 낸 것이지요.

하지만 군대는 시민들의 말을 듣지 않았고 오히려 총을 쏘며 폭력적으로 시위를 진압했습니다. 그럼에도 광주 시민들은 포기하지 않고 서로 도우며 버텼습니다. '시민군'이라는 이름으로 힘을 모아 군대와 맞서 싸우며, 광주의 질서를 지키고 서로를 보호하기 위해 애썼답니다. **부상자**들을 위해 **헌혈**을 하고 주먹밥을 만들어 시민군에게 나누어 주기도 했습니다.

안타깝게도 군대를 몰아내는 데는 실패했지만, 당시 시민들의 용기 있는 행동은 우리 사회에 깊은 감동을 주었습니다. 많은 사람들이 민주주의의 참된 의미에 대해 생각하게 되었고, 이후 더 나은 사회를 만들기 위한 움직임도 활발해졌지요.

매년 5월 18일에 광주와 여러 지역에서 5·18 민주화 운동을 기념하는 행사가 열립니다. 기념식에서는 **희생자**들을 떠올리며 **묵념**을 하고, 그날을 기억하는 **추모사**와 노래가 이어집니다. 또 전시회, 역사 체험, **추모** 걷기 같은 활동을 하며 많은 사람들이 5·18 민주화 운동을 되새깁니다. 오늘날 우리는 그날의 외침 덕분에 더 정의롭고 자유로운 나라를 향해 나아가고 있습니다.

오늘의 어휘

- **부당하다** 법칙에 맞지 아니하다.
- **장악** 무엇을 마음대로 할 수 있게 됨.
- **부상자** 몸에 상처를 입은 사람.
- **헌혈** 피가 필요한 환자를 위해 건강한 사람이 피를 뽑아 줌.
- **희생자** 어떤 일이나 사건으로 인해 죽거나 다치거나 피해를 입은 사람.
- **묵념** 죽은 사람이 평안히 잠들기를 바라며 말없이 마음속으로 빎.
- **추모사** 죽은 사람을 생각하고 그리워하는 마음을 담은 말이나 글.
- **추모** 죽은 사람을 그리워하며 생각함.

핵심 내용

1980년 5월, 광주 시민들은 [ ][ ][ ][ ]를 지키기 위해 군대에 맞서 싸우며 5·18 민주화 운동을 이끌었습니다.

독해 확인

1. 5·18 민주화 운동이 일어난 이유로 알맞은 것은 무엇인가요?
   ① 광주에 큰 홍수가 나서
   ② 군대를 응원하기 위해서
   ③ 자유와 민주주의를 지키기 위해서
   ④ 학교를 더 많이 짓기 위해서
   ⑤ 일본군이 침략하여 시민들을 괴롭혀서

2. 5·18 민주화 운동에 대한 설명으로 알맞은 것은 무엇인가요?
   ① 군대는 광주 시민들의 시위를 도왔다.
   ② 광주 시민들은 시민군이 되어 힘을 모았다.
   ③ 군인들은 광주 시민들을 위해 헌혈을 했다.
   ④ 광주 시민들 중 희생된 사람은 없었다.
   ⑤ 결국 군대를 몰아내는 데에 성공했다.

3. 5·18 민주화 운동 기념식의 목적으로 알맞은 것은 무엇인가요?
   ① 광주의 맛집 소개하기
   ② 재미있는 놀이하기
   ③ 민주주의의 소중함을 배우고 희생자를 기억하기
   ④ 시원한 여름 축제 준비하기
   ⑤ 광주의 특산물 많이 팔기

4. 5·18 민주화 운동 당시, 광주 시민들이 시민군에게 나눠 준 음식은 무엇인가요?

   (   )

어휘 확인

1. 뜻에 알맞은 낱말을 골라 ○표 하세요.

(1) 법칙에 맞지 아니하다. (정당하다 | 부당하다)

(2) 죽은 사람을 그리워하며 생각함. (추모 | 추리)

(3) 무엇을 마음대로 할 수 있게 됨. (경악 | 장악)

(4) 몸에 상처를 입은 사람. (부상자 | 목격자)

2. 빈칸에 알맞은 낱말을 보기 에서 찾아 쓰세요.

보기	묵념	희생자	헌혈

(1) 전쟁의 희생자를 떠올리며 모두 고개를 숙이고 조용히 (   )을 했어요.

(2) 이번 산불로 인해 더 이상의 (   )가 생기지 않으면 좋겠어요.

(3) (   )을 하면 피가 필요한 사람에게 도움을 줄 수 있어요.

칙칙폭폭 끝말잇기 기차

디지털 독해

지안이네 블로그

안녕하세요! 영화를 좋아하는 블로거, 지안이에요!
오늘은 아주 특별한 영화를 소개하려고 해요.

바로 〈택시 운전사〉예요. 이 영화는 1980년에 있었던 5·18 민주화 운동 이야기를 다뤘어요. 서울에서 택시를 운전하던 아저씨가 외국 기자를 태우고 광주에 갔다가 엄청난 사건을 겪게 되는 이야기지요.
제가 가장 인상 깊었던 장면은 시민들이 주먹밥을 나눠 주는 장면이에요. 무서운 상황에서도 서로를 아끼고 도와주는 모습이 감동적이었어요. 그리고 택시 운전사 아저씨가 위험을 무릅쓰고 외국 기자를 도와주는 용기도 정말 멋졌어요!
영화를 보고 나니, 가족과 함께 5·18 기념 공원에 가 보고 싶어졌어요.
여러분도 〈택시 운전사〉 영화를 보고, 5·18 민주화 운동에 대해 생각해 보면 좋을 것 같아요.

디지털 독해 확인

1. 지안이가 영화를 본 뒤에 가고 싶어 한 장소는 어디인가요?

( )

2. 지안이가 영화에서 가장 감동적이라고 생각한 장면은 무엇인가요?
   ① 택시 운전사 아저씨가 새 차를 산 장면
   ② 택시 운전사 아저씨가 주먹밥을 만드는 장면
   ③ 시민들이 서로 도우며 주먹밥을 나누는 장면
   ④ 외국 기자가 크게 다치는 장면
   ⑤ 택시를 빠르게 운전하는 장면

발명의 날

5월 19일

우리는 누군가의 발명 덕분에 편리하게 살고 있습니다. '발명'이란 없던 것을 새롭게 만들거나, 있던 것을 더 좋게 바꾸는 일을 말하지요. 매일 사용하는 컴퓨터, 더운 여름에 꼭 필요한 에어컨처럼 일상생활에서 자주 쓰는 물건과 맛있는 김치 같은 음식도 모두 발명품이랍니다.

발명의 날은 국민에게 발명의 중요성을 알리고, 발명 의욕을 높이기 위해 만들었습니다. 발명의 날이 5월 19일인 이유는 우리나라가 세계 최초로 측우기를 발명한 날이기 때문입니다. 측우기는 비의 양을 재는 도구로, 조선의 세종 대왕 시기에 만들었는데 이는 유럽보다 200년이나 빠른 것이지요.

발명의 날에는 발명에 대한 관심을 높이기 위해 여러 행사가 열립니다. 어린이 발명 대회와 발명 전시회가 열리고, 발명품을 직접 만들고 조작해 볼 수 있는 체험 행사도 있습니다. 또한 거북선, 거중기, 석빙고 등 우리 조상들의 우수한 발명품을 기억하고 역사적 의미를 되짚어 보는 시간도 가집니다.

발명은 세상을 바꾸는 힘입니다. 관심을 가지고 궁금해하는 호기심, 새로운 것을 생각하는 창의력, 문제를 해결하려는 노력이 발명의 시작입니다. 평소 불편한 점이나 궁금한 것이 있다면, 스스로 해결 방법을 떠올려 보세요. '발명은 어렵다'는 고정 관념을 버리고, 자유롭고 창의적으로 자신의 생각을 표현하고 작품을 만들면 세상을 더 편리하게 만들 수 있습니다.

오늘의 어휘

- **의욕** 무엇을 하고자 하는 적극적인 마음.
- **조작** 기계 등을 일정한 방식으로 움직임.
- **거북선** 임진왜란 때 왜군을 무찌르는 데 도움이 된 전투용 배.
- **거중기** 조선 시대에 무거운 물건을 들어 올릴 때 쓰던 기계.
- **석빙고** 옛날에 얼음을 넣어 두던 창고.
- **고정 관념** 행동을 주로 결정하는, 잘 변하지 않는 생각.
- **창의적** 새로운 생각이나 의견을 가진 것.

핵심 내용

우리나라가 세계 최초로 측우기를 [|] 한 날을 기념하여

5월 19일을 [|] 의 날로 정했습니다.

독해 확인

1. 발명의 뜻으로 알맞은 것은 무엇인가요?
   ① 새롭거나 더 좋은 것을 만드는 일
   ② 물건을 파는 일
   ③ 여러 사람과 이야기하는 일
   ④ 땀 흘려 운동을 하는 일
   ⑤ 부모님이 요리할 때 돕는 일

2. 발명의 날에 열리는 행사로 알맞은 것은 무엇인가요?
   ① 어린이 축구 대회
   ② 발명 대회와 전시회
   ③ 한복 입기 체험
   ④ 요리 시식회
   ⑤ 피아노 연주회

3. 발명을 시작하는 데 꼭 필요한 것은 무엇인가요?
   ① 운동 능력 ② 호기심 ③ 큰 키
   ④ 노래 실력 ⑤ 강한 힘

4. 우리나라가 세계 최초로 발명한 것으로, 비의 양을 재는 도구는 무엇인가요?

( )

어휘 확인

1. 낱말과 낱말의 뜻을 알맞게 연결하세요.

낱말	뜻
거북선 •	• 조선 시대에 무거운 물건을 들어 올릴 때 쓰던 기계.
거중기 •	• 임진왜란 때 왜군을 무찌르는 데 도움이 된 전투용 배.
석빙고 •	• 옛날에 얼음을 넣어 두던 창고.

2. 빈칸에 알맞은 낱말을 보기 에서 찾아 쓰세요.

보기 의욕 조작 창의적

(1) 게임기를 잘 (   )하면 내 캐릭터가 멋지게 움직여요.

(2) 미술 시간에 짝꿍과 힘을 합하여 (   )인 작품을 만들었어요.

(3) 감독님의 칭찬을 듣고 축구를 더 열심히 하고 싶은 (   )이 생겼어요.

역사 속 위대한 발명품

그림을 보고 빈칸에 알맞은 발명품 이름을 쓰세요.

디지털 독해

디지털 독해 확인

■ 선생님이 알려 준 발명 방법과 해당하는 발명품을 알맞게 연결하세요.

두 가지를 더하는 방법. •	• 숟가락포크
필요 없는 부분을 없애는 방법. •	• 각 티슈
모양을 바꾸는 방법. •	• 무선 마우스

사회

세계인의 날

5월 20일

다양한 나라에서 온 많은 사람들이 우리나라에서 함께 살고 있습니다. 어떤 사람은 일을 하러 왔고, 어떤 사람은 우리나라 사람과 결혼해서 **정착**하기도 합니다. 또 공부를 하러 온 사람도 있고, 전쟁과 같은 **재난**을 피해 온 사람도 있지요.

우리나라 국민과 우리나라에 사는 다양한 나라의 사람들이 서로를 이해하고 함께 어울려 사는 사회를 만들기 위해 **세계인**의 날을 만들었습니다. 서로의 문화와 전통을 존중하며 차이를 이해하고 열린 마음으로 받아들이자는 뜻을 담고 있지요.

세계인의 날에는 다양한 문화 체험 행사가 열립니다. 여러 나라의 음식을 소개하고, 각 나라의 전통놀이를 함께 즐기기도 합니다. 다양한 나라의 전통 의상을 입어 보고, 전통 악기를 연주해 보기도 하지요. 이런 행사는 우리나라에서 새롭게 삶을 시작하는 사람들에게 따뜻한 응원의 마음을 전하고, 서로 **소통**하고 **화합**할 수 있는 기회를 마련해 줍니다.

요즘은 학교에서도 다양한 나라의 친구들이 함께 공부하는 모습을 볼 수 있습니다. 각기 다른 문화적 배경을 가진 학생들이 늘어나면서 학교에서는 **다문화** 교육에 더욱 힘쓰고 있지요. 더불어 살아가기 위해서는 인종, 국적, 문화 등의 이유로 특별한 **대우**나 **차별**을 해서는 안 됩니다. 서로를 있는 그대로 받아들일 때, 우리 모두가 함께 성장할 수 있습니다.

오늘의 어휘

- **정착** 일정한 곳에 자리를 잡아 머물러 삶.
- **재난** 뜻하지 않게 생긴 불행한 사고.
- **세계인** 세계의 모든 사람.
- **소통** 뜻이 서로 잘 통하여 오해가 없음.
- **화합** 화목하게 어울림.
- **다문화** 한 사회 안에 여러 민족이나 국가의 문화가 섞여 있는 것.
- **대우** 어떤 사회적 관계나 태도로 대하는 일.
- **차별** 둘 이상의 대상을 차이를 두어 구별함.

핵심 내용

다양한 나라의 사람들이 서로의 문화와 전통을 존중하며 어울려 살아가기 위해 ☐☐☐의 날을 만들었습니다.

독해 확인

1. 외국에서 온 사람들을 대하는 바람직한 태도를 말한 친구는 누구인가요?
   ① 민수: 외국에서 온 사람들은 우리와 달라서 가까이 지내기 어려워.
   ② 수아: 피부색이 다르니까 이상하고 무서워.
   ③ 재윤: 서로의 문화를 존중하면서 함께 어울려야 해.
   ④ 유진: 외국에서 온 친구는 특별하니까 모든 일을 대신해 줘야 해.
   ⑤ 도윤: 외국에서 온 사람들은 공부하러 왔으니 다른 활동은 안 해도 돼.

2. 세계인의 날을 만든 이유로 알맞은 것은 무엇인가요?
   ① 외국 문화를 모두 없애기 위해서
   ② 다양한 문화를 비교하고 순위를 매기기 위해서
   ③ 외국 사람들의 생활을 감시하기 위해서
   ④ 서로의 문화를 이해하고 존중하기 위해서
   ⑤ 외국 음식을 더 싸게 사기 위해서

3. 세계인의 날 행사에서 볼 수 있는 바람직한 모습은 무엇인가요?
   ① 어느 나라 문화가 더 뛰어난지 경쟁하는 모습
   ② 외국에서 온 사람들을 놀리고 차별하는 모습
   ③ 외국에서 온 사람들이 자기 나라 문화를 소개하는 모습
   ④ 외국 전통 옷을 우스꽝스럽게 흉내 내며 장난치는 모습
   ⑤ 외국 여행을 다녀온 사람들이 기념품을 자랑하는 모습

4. 서로 다른 문화적 배경을 가진 친구들을 이해하기 위해 학교에서 하는 교육은 무엇인가요?

   ☐☐☐ 교육

어휘 확인

1. 뜻에 알맞은 낱말을 골라 ○표 하세요.

(1) 일정한 곳에 자리를 잡아 머물러 삶. (정착 | 도착)

(2) 뜻이 서로 잘 통하여 오해가 없음. (소통 | 불통)

(3) 어떤 사회적 관계나 태도로 대하는 일. (경우 | 대우)

2. 빈칸에 알맞은 낱말을 보기에서 찾아 쓰세요.

보기: 재난 화합 세계인

(1) 지진이나 화재 같은 (   )에 대비하기 위한 훈련이 필요해요.

(2) 우리나라 영화는 (   )의 관심을 받고 있어요.

(3) 우리 팀은 (   )이 잘되어서 경기에서 이길 수 있었어요.

알쏭달쏭 낱말 퍼즐

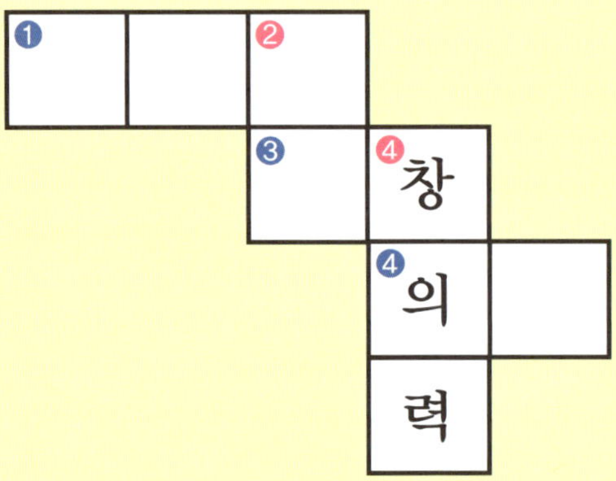

가로 열쇠

❶ 한 사회 안에 여러 민족이나 국가의 문화가 섞여 있는 것.

❸ 여러 사람이 목소리를 맞추어서 노래를 부름.

❹ 어떤 대상에 대하여 가지는 생각.

세로 열쇠

❷ 화목하게 어울림.

❹ 새로운 것을 생각해 내는 능력.

디지털 독해

세계인의 날 기념 축제에 초대합니다!

◎장소: 서울시 세계구 체육공원
◎날짜: 2026년 5월 16일(토요일)
◎시간: 오전 10시부터 오후 5시까지
◎문화 공연: 세계 전통 춤과 음악을 무대에서 만나요!
◎세계 음식 체험: 외국 친구들이 만든 음식을 먹고 소개도 들어요!
◎전통 체험: 전통 의상 입어 보기, 전통 악기 연주하기, 전통놀이 배우기

★ 비가 와도 열려요! ★
★ 무료 입장, 누구나 참여 가능 ★
★ 음식물 반입 가능 ★

디지털 독해 확인

1. 글의 내용을 보고 맞으면 ○, 틀리면 ×표 하세요.

(1) 세계인의 날 기념 축제는 비가 오면 취소된다. ······ (　　)
(2) 세계인의 날 기념 축제는 누구나 무료로 참여할 수 있다. ······ (　　)
(3) 외국의 전통 의상을 입어 볼 수 있다. ······ (　　)

2. 세계인의 날 기념 축제에서 할 수 있는 것이 아닌 것은 무엇인가요?

① 전통 악기 연주하기
② 외국 음식 먹기
③ 로켓 모형 만들기
④ 전통 춤 공연 보기
⑤ 전통 의상 입기

과학 기술

우주 항공의 날

5월 27일

우주 항공의 날은 우주 항공 산업의 중요성을 알리고 국민의 관심을 높이기 위해 만든 날입니다. 2024년 5월 27일, 경상남도 사천에 우주 항공청이 세워진 것을 기념하여 같은 날로 정했습니다. 우주 항공청은 우주와 항공에 관련된 정책 및 기술을 개발하는 기관으로 우리나라의 우주 개발 능력을 향상시키고 항공 안전을 지키는 역할을 합니다.

우주 항공의 날에는 우주와 관련된 다양한 행사가 열립니다. 우주 항공 산업의 발전에 힘쓴 분들을 표창하고, 어린이와 가족을 위한 체험 행사도 합니다. 우주복을 입어 볼 수 있고, 종이 로켓을 만들어 날려 볼 수도 있습니다. 또 위성 사진을 보며 지구의 모습을 관찰할 수도 있지요.

우주 항공 기술은 단지 로켓을 쏘는 데에만 쓰이는 것이 아닙니다. 위성을 이용해 날씨를 예보하고, 통신을 원활하게 하며, 나라의 안보를 지키는 데에도 큰 역할을 합니다. 우주 항공 기술이 발전할수록 우리의 삶은 더 편리하고 안전해집니다.

우주 항공 산업의 발전을 위해 우리는 책을 읽고 과학 활동에 참여하며 우주에 대한 관심을 키워야 합니다. 우주 박물관이나 천문대에 가는 것도 좋은 경험이 됩니다. 우주 항공에 대한 지식과 관심을 쌓으면 미래에 우주 과학자나 관련 산업 종사자가 될 수도 있고, 결과적으로 우리나라 우주 항공 산업을 발전시킬 수 있습니다.

오늘의 어휘

- **우주 항공 산업** 항공기, 우주선, 우주 발사체 등의 개발과 관련된 산업.
- **위성** 지구 같은 큰 행성 주변을 돌도록 로켓으로 쏘아 올린 기계.
- **예보** 앞으로 일어날 일을 미리 알림.
- **통신** 우편, 전신, 전화 등으로 정보나 의사를 전달함.
- **원활하다** 거침이 없이 잘되어 나가다.
- **안보** 나라를 안전하게 지키는 일.
- **천문대** 우주에 관한 현상을 관측하고 연구하기 위하여 설치한 곳.
- **종사자** 어떤 직업을 가지고 일을 하는 사람.

핵심 내용

☐☐ ☐☐의 날은 우주 항공 산업의 중요성을 알리고 국민의 관심을 높이기 위한 날입니다.

독해 확인

1. 우주 항공의 날에 할 수 있는 체험으로 알맞은 것은 무엇인가요?
   ① 조개 줍기
   ② 우주복 입어 보기
   ③ 동물에게 먹이 주기
   ④ 배우와 함께 영상 찍기
   ⑤ 바다낚시하기

2. 우주 항공 기술이 쓰이는 일로 알맞은 것은 무엇인가요?
   ① 동물들의 생활을 연구한다.
   ② 산불이 나면 불을 직접 끈다.
   ③ 빠른 자동차를 만든다.
   ④ 날씨를 예보하고 통신을 돕는다.
   ⑤ 운동선수를 훈련시킨다.

3. 우주 항공의 발전을 위해 우리가 할 수 있는 일은 무엇인가요?
   ① 음식물 쓰레기 줄이기
   ② 핸드폰 사용 시간 줄이기
   ③ 우주 박물관이나 천문대에 가기
   ④ 규칙적인 운동하기
   ⑤ 친구에게 고운 말 사용하기

4. 우주와 항공에 관련된 정책 및 기술을 개발하고 우리나라의 우주 개발 능력을 향상시키기 위해 만들어진 기관은 무엇인가요?

   ☐☐ ☐☐☐

어휘 확인

1. 뜻에 알맞은 낱말을 골라 ○표 하세요.

(1) 앞으로 일어날 일을 미리 알림. (예보 | 예감)

(2) 우편, 전신, 전화 등으로 정보나 의사를 전달함. (통역 | 통신)

(3) 나라를 안전하게 지키는 일. (안내 | 안보)

2. 빈칸에 알맞은 낱말을 보기 에서 찾아 쓰세요.

보기: 우주 항공 산업 / 위성 / 천문대

(1) 나는 별을 더 자세히 보기 위해 가족과 함께 (   )에 다녀왔어요.

(2) (   )이 발전하면 날씨 예보나 통신 기술이 더 좋아질 수 있어요.

(3) 과학자들이 새로운 (   )을 우주로 쏘아 올렸어요.

앗 나의 실수! 맞춤법 알기

일기를 보고 틀린 글자를 찾아 바르게 고쳐 쓰세요.

바르게 고쳐요. (→   )

디지털 독해

계림 뉴스

기자: 오늘은 항공 우주 공학자와 이야기 나눠 보도록 하겠습니다. 항공 우주 공학자는 어떤 일을 하나요?
항공 우주 공학자: 항공 우주 공학자가 하는 일 중 가장 대표적인 것은 먼 우주에 보낼 인공위성, 우주선, 로켓 등을 만들고, 달이나 행성을 탐사하는 일입니다. 또한 다양한 형태의 항공기를 만듭니다.

기자: 와! 정말 흥미롭군요! 항공 우주 공학을 활용하는 직업은 무엇이 있나요?
항공 우주 공학자: 항공 우주 공학과 관련된 직업은 아주 다양합니다. 항공 우주 기술자, 일기 예보관, 기상 캐스터, 자연 과학 시험원, 온실가스 인증 심사원, 인공위성 개발원, 환경 영향 평가사 등이 있답니다.

기자: 마지막으로, 항공 우주 공학자가 되려면 어떤 적성과 흥미가 필요한가요?
항공 우주 공학자: 새롭고 신비한 것을 좋아하고, 탐구하려는 정신과 창의성이 필요합니다.

디지털 독해 확인

1. 항공 우주 공학자가 하는 일로 알맞은 것은 무엇인가요?

① 동물의 병을 치료한다.
② 학용품을 디자인한다.
③ 물건을 판다.
④ 우주선과 인공위성을 만든다.
⑤ 자동차를 고친다.

2. 항공 우주 공학자와 관련 있는 직업으로 알맞은 것은 무엇인가요?

① 일기 예보관
② 캐릭터 디자이너
③ 게임 방송 프로듀서
④ 스포츠 심리 상담원
⑤ 응급 구조사

환경

바다의 날

5월 31일

바다는 우리에게 많은 것을 줍니다. 물고기, 미역 등 바다에서 나는 먹을거리는 우리의 식탁을 풍성하게 해 주고, 바다를 오가는 **해상 운송**으로 **수출입**이 많이 이루어집니다. 또, 바다는 열을 저장하고 내보내며 지구의 온도를 조절하는 데에도 큰 역할을 합니다.

바다의 날은 바다의 소중함과 가치, 바다 관련 산업의 중요성을 널리 알리기 위해 만들었습니다. 이날에는 바다와 관련된 일을 하는 사람들을 격려하고, 바다 환경 보호를 위한 체험 활동도 진행합니다. 바다 사진 **공모전**, **수산물** 축제, 배 타기 체험, **등대** 견학 등의 행사도 있어서 많은 사람들이 바다에 관심을 갖게 됩니다.

바다는 지금 **극심한** 오염으로 위기에 처해 있습니다. 기름이나 플라스틱 쓰레기가 바다로 흘러들어 바다 생물이 다치고, 수산물은 줄어듭니다. 오염된 바닷물이 파도를 통해 **해변**으로 퍼지면 사람의 피부나 건강에도 해롭지요. 깨끗한 바다는 우리의 삶과 **밀접하게** 연결되어 있다는 것을 잊지 말아야 합니다.

바다를 지키기 위해 우리가 실천할 수 있는 일이 있습니다. 바다에 갔을 때는 해변의 쓰레기를 줍고, 일상에서는 일회용품을 줄여야 합니다. 바다를 주제로 한 책을 읽거나 바다 생물을 관찰하며 바다에 대해 더 알아가는 것도 좋습니다. 우리의 관심과 실천이 모이면 바다를 지키는 큰 힘이 됩니다.

오늘의 어휘

- **해상 운송** 배로 사람을 태워 보내거나 물건 등을 실어 나르는 일.
- **수출입** 상품이나 기술을 외국으로 팔거나 사들임.
- **공모전** 공개적으로 모집한 작품을 발표하고 전시하는 행사.
- **수산물** 물고기나 조개 등 바다나 강 등의 물에서 나는 것.
- **등대** 바닷가나 섬 같은 곳에 세워 밤에 불을 켜 비추는 시설.
- **극심하다** 매우 심하다.
- **해변** 바닷물과 땅이 서로 닿은 곳이나 그 근처.
- **밀접하다** 아주 가깝게 맞닿은 관계에 있다.

핵심 내용

우리에게 먹을거리를 주고, 해상 운송이 이루어지게 하며, 지구의 온도를 조절해 주는 [ ][ ]를 지켜야 합니다.

독해 확인

1. 바다의 날에 하는 일이 아닌 것은 무엇인가요?
   ① 자전거 경기가 열린다.
   ② 등대를 견학한다.
   ③ 바다 사진 공모전이 열린다.
   ④ 바다와 관련된 직업을 가진 사람을 격려한다.
   ⑤ 수산물 축제를 한다.

2. 바다가 오염되었을 때 생길 수 있는 일이 아닌 것은 무엇인가요?
   ① 바다 생물이 다친다.
   ② 사람들 피부에 문제가 생긴다.
   ③ 바닷물이 깨끗해진다.
   ④ 바다에서 나는 먹을거리가 줄어든다.
   ⑤ 오염된 물이 해변으로 퍼진다.

3. 바다를 지키기 위해 우리가 할 수 있는 일로 알맞은 것은 무엇인가요?
   ① 바다에 쓰레기를 많이 버린다.
   ② 일회용품을 많이 쓴다.
   ③ 바다 생물을 많이 잡는다.
   ④ 바다를 주제로 한 책을 읽는다.
   ⑤ 바다에 돌을 많이 던진다.

4. 수출입을 할 때 배로 물건을 실어 나르는 운송 방법은 무엇인가요?

( )

어휘 확인

1. 빈칸에 알맞은 낱말을 보기 에서 찾아 쓰세요.

보기	공모전	수산물	등대

(1) 어두운 밤에도 (　　　　　)의 불빛을 보면 방향을 알 수 있어요.

(2) 나는 (　　　　　) 중에서 오징어를 제일 좋아해요.

(3) 내 동생은 동시 (　　　　　)에서 대상을 받았어요.

2. 낱말과 낱말의 뜻을 알맞게 연결하세요.

밀접하다 •	• 배로 사람을 태워 보내거나 물건 등을 실어 나르는 일.
해상 운송 •	• 상품이나 기술을 외국으로 팔거나 사들임.
수출입 •	• 아주 가깝게 맞닿은 관계에 있다.

뜻이 다른 반대말

주어진 낱말의 반대말을 찾아 ○표 하세요.

많다 ··········· 있다 / 작다 / 적다

수출 ··········· 수량 / 수입 / 출입

해롭다 ··········· 이롭다 / 나쁘다 / 위험하다

디지털 독해

계림 뉴스

우리나라 강과 바다에서 나타난 물 색깔 변화 소식입니다. 자세한 내용은 이지안 기자가 전해 드립니다.

영산강과 남해 바다의 물이 초록빛과 붉은빛으로 변한 모습이 관찰됩니다. '플랑크톤'이라는 아주 작은 생물이 갑자기 많이 늘어나면서 나타나는 현상입니다. 생활 하수 등 오염된 물이 흘러들면 강이나 바다에 영양분이 쌓이고, 이것을 먹고 자라는 플랑크톤이 빠르게 늘어납니다. 플랑크톤이 너무 많아지면 물속 산소가 부족해져서 물고기들이 숨을 쉴 수가 없습니다.
문제 해결을 위해 물에 황토를 뿌리기도 합니다. 황토는 물속에 햇빛이 들어가는 것을 막아 플랑크톤이 자라지 못하게 만듭니다. 또 황토 알갱이가 플랑크톤을 감싸서 가라앉게 합니다.

디지털 독해 확인

1. 플랑크톤을 줄이기 위해 물에 뿌리는 것은 무엇인가요?

( )

2. 플랑크톤이 너무 많아졌을 때 생기는 일이 아닌 것은 무엇인가요?

① 강물이 초록색으로 변한다.
② 물고기들이 죽을 수 있다.
③ 바닷물이 붉은색으로 변한다.
④ 물속 산소가 줄어든다.
⑤ 바다에 얼음덩어리가 생긴다.

국경일
기념일
명절
법정 공휴일
법정 기념일
세시 풍속
절기

6월

일	월	화	수	목	금	토
	1 의병의 날	2	3	4	5 국악의 날 환경의 날	6 망종 현충일
7	8	9 구강 보건의 날 기록의 날	10 6·10 만세 운동 기념일 6·10 민주 항쟁 기념일	11	12	13
14 헌혈자의 날	15 음5.1 노인 학대 예방의 날	16	17	18 건설의 날	19 단오 선원의 날 씨름의 날	20
21 하지 해양 조사의 날	22	23	24 전자 정부의 날	25 6·25 전쟁일	26 마약 퇴치의 날	27
28 철도의 날 6·25 전쟁 납북자 기억의 날	29 음5.15	30				

6월에는 무슨 날이 있을까?

주제	시기	의미
의병의 날	6월 1일	의병의 희생정신을 기리고 나라 사랑 정신을 북돋우는 날
국악의 날	6월 5일	국악을 널리 알리고 대중화, 세계화시키기 위한 날
환경의 날	6월 5일	환경 보전 의식을 기르고 실천을 생활화하기 위한 날
현충일	6월 6일	나라를 지키기 위해 목숨을 바친 분들의 충성을 기념하고 추모하는 날
구강 보건의 날	6월 9일	구강 보건에 대한 관심과 이해를 높이는 날
기록의 날	6월 9일	우수한 기록 문화 전통을 계승하고 기록의 중요성을 알리는 날
6·10 만세 운동 기념일	6월 10일	1926년, 일본의 식민 통치에 저항한 만세 운동을 기념하고 독립 정신과 희생정신을 계승하기 위한 날
6·10 민주 항쟁 기념일	6월 10일	1987년, 전국적으로 벌어진 민주화 운동을 기념하고 민주주의 정신을 계승하기 위한 날
헌혈자의 날	6월 14일	헌혈의 중요성을 알리고, 헌혈에 참가하는 사람들에게 감사와 존경의 뜻을 표현하는 날
노인 학대 예방의 날	6월 15일	노인 인권을 보호하고 학대를 예방하기 위한 날
단오	음력 5월 5일	태양의 기운이 가장 강한 날로, 풍년을 기원하는 명절
선원의 날	6월 셋째 금요일	선원의 헌신과 활약을 알리고, 선원의 자부심을 높이는 날
씨름의 날	음력 5월 5일	씨름에 대한 관심을 높이고 활성화시키기 위한 날
하지	6월 21일경	일 년 중 태양이 가장 높게 뜨고 낮의 길이가 긴 절기
해양 조사의 날	6월 21일	해상 교통 안전, 해양 보전 등에 도움을 주는 해양 조사의 중요성을 알리는 날
전자 정부의 날	6월 24일	정보 기술을 활용해 행정 서비스를 제공하는 전자 정부의 우수성과 편리함을 알리고 발전시키기 위한 날
6·25 전쟁일	6월 25일	6·25 전쟁을 떠올리며 호국 정신과 안보의식을 북돋우는 날
마약 퇴치의 날	6월 26일	마약을 함부로 쓰지 않는 사회를 만들고 마약류에 관한 범죄를 예방하기 위한 날
철도의 날	6월 28일	중요한 교통수단인 철도의 가치를 높이고, 종사자를 격려하는 날
6·25 전쟁 납북자 기억의 날	6월 28일	6·25 전쟁 때 북한으로 납치된 분들을 기억하고 납북 피해에 대한 관심을 높이는 날

역사

현충일 6월 6일

전쟁과 재난 등 위험한 상황에서도 나라를 지키기 위해 희생한 사람을 '국가 유공자'라고 합니다. 국가 유공자의 희생 덕분에 우리가 걱정 없이 학교에 다니고, 안전하고 평화롭게 살 수 있는 것입니다. 그래서 우리는 그분들을 기억하고 존경하는 마음을 가져야 합니다.

'현충'은 나라를 위해 목숨을 바친 분들을 기리고 추모한다는 뜻입니다. 현충일에는 집에 조기를 답니다. 조기는 국기를 봉의 중간쯤에 달아 슬픈 마음을 나타내는 방법입니다. 또한, 현충일 오전 10시에는 전국에서 동시에 1분 동안 묵념을 하며 국가 유공자를 기립니다.

현충일에는 현충원에서 기념 행사가 열립니다. 대통령, 유가족, 군인 대표 등 많은 사람들이 모여서 헌화를 하며 감사한 마음을 전합니다. 학교에서도 현충일을 뜻깊게 보내기 위한 활동을 합니다. 기념 영상을 보며 현충일의 의미를 배우고, 감사한 마음을 담아 글을 쓰거나 그림을 그리기도 하지요. 이런 활동을 통해 우리는 나라를 위해 헌신하신 분들의 마음을 오래도록 기억합니다.

오늘날 우리나라에서 누리는 평화와 안전은 그냥 주어진 것이 아닙니다. 많은 사람들의 땀과 눈물, 그리고 목숨과 바꾸어 지켜 낸 것입니다. 우리는 그분들의 용기를 기억하며 감사한 마음으로 살아야 합니다. 그리고 이 마음을 다음 세대에게도 꼭 전해 주어야 합니다.

오늘의 어휘

- **기리다** 뛰어난 업적이나 정신, 위대한 사람을 칭찬하고 기억하다.
- **현충원** 국가나 민족을 위해 목숨을 바친 분들을 모신 묘지.
- **유가족** 죽은 사람의 남은 가족.
- **헌화** 꽃을 바침.
- **헌신** 몸과 마음을 바쳐 있는 힘을 다함.
- **세대** 같은 시기에 살면서 비슷한 생활 양식을 가진 비슷한 나이대의 사람들.

핵심 내용

□□□은 나라를 위해 목숨을 바친 분들을 기리고 추모하는 날입니다.

독해 확인

1. 현충일에 하는 일로 알맞지 않은 것은 무엇인가요?
 ① 현충원에 방문한다.
 ② 오전 10시에 1분 동안 묵념한다.
 ③ 나라를 위해 목숨을 바친 분들을 기린다.
 ④ 한복을 입고 세배를 한다.
 ⑤ 슬픈 마음을 나타내기 위해 조기를 단다.

2. 현충일을 뜻깊게 보내기 위한 활동으로 알맞은 것은 무엇인가요?
 ① 전통 음식을 함께 만들어 먹는다.
 ② 기념 영상을 보며 의미를 배운다.
 ③ 운동장에서 소방 훈련을 한다.
 ④ 교실을 풍선으로 꾸민다.
 ⑤ 놀이공원에 갈 계획을 세운다.

3. 오늘날 우리나라가 평화롭고 안전한 이유로 알맞은 것은 무엇인가요?
 ① 전쟁에서 이겨서
 ② 모두가 열심히 운동해서
 ③ 나라를 위해 희생하신 분들 덕분에
 ④ 무기를 많이 만들어서
 ⑤ 재미있는 놀이를 많이 해서

4. 전쟁과 재난 등 위험한 상황에서도 나라를 위해 희생한 사람을 이르는 말은 무엇인가요?

( )

어휘 확인

1. 뜻에 알맞은 낱말을 골라 ○표 하세요.

(1) 국가나 민족을 위해 목숨을 바친 분들을 모신 묘지. (수목원 | 현충원)

(2) 꽃을 바침. (헌화 | 헌신)

(3) 뛰어난 업적이나 정신, 위대한 사람을 칭찬하고 기억하다. (바라다 | 기리다)

2. 빈칸에 알맞은 낱말을 보기에서 찾아 쓰세요.

보기: 헌신 유가족 세대

(1) 전쟁에서 돌아가신 분들의 (　　　　)이 모여 추모식을 했어요.

(2) 환경을 깨끗하게 지키는 것은 우리뿐 아니라 다음 (　　　　)를 위한 일이에요.

(3) 나라를 지키는 군인들의 (　　　　) 덕분에 우리는 안전하게 살 수 있어요.

만화로 다시 보는 어휘

그림과 대화를 보고 빈칸에 공통으로 들어갈 낱말을 쓰세요.

□□ □□□

디지털 독해

역사 사전

6·25 전쟁

1950년 6월 25일 새벽, 한반도를 무력으로 통일하려던 북한이 남한을 공격하면서 6·25 전쟁이 시작되었다. 전쟁이 3년 동안 계속되면서 많은 사람이 다치거나 목숨을 잃었고, 삶의 터전이었던 집과 가족을 잃었다. 1953년 7월 27일, 전쟁은 멈췄지만 남한과 북한은 아직도 휴전 상태를 유지하며 나뉘어 지내고 있다.

■ **휴전** 서로 합의하여 전쟁을 얼마 동안 멈추는 일.

디지털 독해 확인

1. 6·25 전쟁에 대한 설명으로 알맞은 것은 무엇인가요?
   ① 우리나라가 다른 나라와 함께 운동 경기를 했다.
   ② 북한과 남한이 서로 도와 평화를 이뤘다.
   ③ 전쟁은 약 3년 동안 이어졌다.
   ④ 학교가 처음 생긴 날을 기념하는 행사를 했다.
   ⑤ 북한과 남한이 함께 새로운 나라를 세웠다.

2. 6·25 전쟁은 몇 년도에 멈추었나요?

(년)

단오 음력 5월 5일

단오는 옛 중국에서 시작된 명절입니다. 우리나라는 옛날부터 단오를 매우 중요한 명절로 여겼습니다. 단오는 일 년 중 태양의 기운이 가장 강한 날로, 해가 '하늘(天)의 가운데(中) 온다'라는 뜻의 '천중절(天中節)'이라고도 불렸습니다. 햇볕이 강해지고 자연의 모든 것이 무럭무럭 자라는 때라서, 조상들은 풍년을 기원하며 단오를 지냈습니다.

단오는 여름의 무더위와 질병을 막기 위한 액막이와 예방의 날로도 여겨졌습니다. 창포를 삶은 물에 머리를 감으면 머리카락에 윤기가 돌고 나쁜 기운을 막아 준다고 믿었습니다. 또한 더위를 이겨 내고 건강을 기원하는 의미로 대나무 부채를 주고받았습니다.

단오에 먹는 특별한 음식도 있습니다. 수레바퀴 모양을 찍어 낸 수리취떡은 초록빛이 예쁘고 쫀득한 맛이 일품이지요. 새콤한 앵두화채는 더운 날의 피로를 풀어 줘서 많은 사람들이 즐겼습니다. 또, 익모초즙을 마시면 여름 내내 배탈이 안 난다고 해서 오랫동안 사랑받아 왔습니다.

신나는 전통놀이는 단오의 즐거움 중 하나입니다. 대표적으로 그네뛰기, 활쏘기, 씨름이 있습니다. 대추가 많이 열리기를 바라는 마음으로 대추나무 가지 사이에 돌을 끼워 넣는 '대추나무 시집보내기' 같은 재미있는 풍습도 있습니다. 지금도 단오가 되면 이런 전통놀이를 체험할 수 있는 축제가 전국 곳곳에서 열립니다.

오늘의 어휘

- **액막이** 가정이나 개인에게 닥칠 나쁜 운을 미리 막는 일.
- **창포** 연못이나 도랑의 가장자리에서 자라고 온몸에 향기가 있는 식물.
- **윤기** 반질반질하고 매끄러운 기운.
- **일품** 즐길 수 있는 최고의 것.
- **화채** 꿀이나 설탕을 탄 물이나 오미잣국에 과일 또는 먹을 수 있는 꽃을 넣고 잣을 띄운 음료.
- **피로** 일을 많이 해서 정신이나 몸이 힘든 상태.

핵심 내용

일 년 중 태양의 기운이 가장 강한 날로, 우리 조상들이 매우 중요하게 여긴 명절은 ☐☐입니다.

독해 확인

1. 단오에 대한 설명으로 알맞은 것은 무엇인가요?
   ① 겨울이 시작되는 날이다.
   ② 옛날 일본에서 시작된 명절이다.
   ③ 여름의 무더위와 질병을 예방하는 날이다.
   ④ 친구의 생일을 축하하는 날이다.
   ⑤ 눈이 많이 오는 날이다.

2. 단오에 즐겨 먹는 음식을 알맞게 짝지은 것은 무엇인가요?
   ① 송편, 사과즙　② 잡채, 갈비찜　③ 수리취떡, 앵두화채
   ④ 팥죽, 약밥　⑤ 떡국, 생선찜

3. 단오에 하는 활동으로 알맞지 않은 것은 무엇인가요?
   ① 눈사람을 만든다.
   ② 대추나무 가지 사이에 돌을 끼운다.
   ③ 대나무 부채를 주고받는다.
   ④ 창포물에 머리를 감는다.
   ⑤ 씨름을 한다.

4. '해가 하늘의 가운데 온다'는 뜻으로 단오를 부르는 다른 이름은 무엇인가요?

( )

어휘 확인

1. 낱말과 낱말의 뜻을 알맞게 연결하세요.

화채 •	• 가정이나 개인에게 닥칠 나쁜 운을 미리 막는 일.
피로 •	• 꿀이나 설탕을 탄 물이나 오미잣국에 과일 또는 먹을 수 있는 꽃을 넣고 잣을 띄운 음료.
액막이 •	• 일을 많이 해서 정신이나 몸이 힘든 상태.

2. 빈칸에 알맞은 낱말을 보기 에서 찾아 쓰세요.

보기 창포 윤기 일품

(1) 엄마가 맛있게 지은 밥은 반짝반짝 ( )가 흘러요.

(2) 할머니께서 직접 담그신 김치는 맛이 정말 ( )이에요.

(3) 단오에는 ( )를 삶은 물에 머리를 감는 풍습이 있어요.

칙칙폭폭 끝말잇기 기차

디지털 독해

단오 한마당

체험 내용	가격
수리취떡 만들기	3,000원
창포물로 머리 감기	무료
대나무 부채에 그림 그리기	2,000원
새콤한 앵두화채 만들기	2,500원
전통 그네 타기	무료
친구와 씨름 대결하기	무료
전통 활쏘기	1,000원

◎기간: 2026년 6월 15일(월)~6월 21일(일)
◎장소: 전통놀이 마당
◎시간: 10:00~21:00

디지털 독해 확인

1. 다양한 체험을 할 수 있는 단오 한마당이 열리는 곳은 어디인가요?

( )

2. 단오 한마당에서 무료로 할 수 있는 체험은 무엇인가요?

① 수리취떡 만들기　② 앵두화채 만들기
③ 부채에 그림 그리기　④ 창포물에 머리 감기
⑤ 활쏘기

언어

하지 6월 21일경

하지는 한자로 '여름 하(夏)'와 '이를 지(至)'를 써서 '여름의 한가운데에 이르다'라는 뜻입니다. 일 년 중 태양이 가장 높게 뜨고 낮의 길이가 가장 긴 시기이지요. 하루 24시간 중 낮이 약 14시간 35분이나 된다고 합니다.

옛날 농촌에서는 하지 무렵이 가장 바빴습니다. 이 시기에 모내기를 하고, 병충해를 막기 위한 방제 작업도 했습니다. 보리를 베고 땅에서 감자도 캤지요. 하지 무렵에는 햇볕이 강하고 비가 자주 오기 때문에 농작물이 상하지 않도록 돌보는 일이 아주 중요했습니다. 그래서 하지에 하는 작업이 그해의 농사를 좌우한다고 했답니다.

"하지가 지나면 구름장마다 비가 내린다"는 속담이 있습니다. 하지가 지나면 구름의 덩이인 구름장이 지나갈 때마다 비가 내린다는 말로, 비가 자주 내리는 장마가 본격적으로 시작된다는 뜻입니다. 이처럼 하지는 농사에 중요한 시기일 뿐 아니라, 날씨의 변화에 대비해야 하는 절기이기도 합니다.

요즘에도 하지를 전후로 여름을 준비합니다. 장마철이 시작되면 날씨가 습해지기 때문에 계절이 지난 이불과 옷은 곰팡이가 생기지 않도록 잘 말려서 정리해 둡니다. 또한 더운 날씨에 대비해 선풍기나 에어컨을 미리 점검하고, 시원한 옷을 준비하지요. 자연을 관찰해 계절의 흐름에 맞게 대비한 조상들의 지혜를 본받아 우리도 슬기로운 여름나기를 준비할 수 있습니다.

오늘의 어휘

- **모내기** 벼의 싹을 논으로 옮겨 심는 일.
- **병충해** 농작물이 병과 해충으로 인하여 입은 피해.
- **방제** 농작물의 병충해를 예방하거나 해충을 없앰.
- **좌우하다** 어떤 일에 영향을 주어 지배하다.
- **장마** 주로 6월 말부터 7월 초까지 여러 날 동안 내리는 비.
- **전후** 앞과 뒤를 아울러 이르는 말.
- **습하다** 메마르지 않고 물기가 많아 축축하다.
- **곰팡이** 어둡고 습할 때, 음식이나 옷에 생기는 작은 생물로 동식물에 붙어 살기도 함.

핵심 내용

일 년 중 태양이 가장 높게 뜨고 낮이 가장 긴 절기는 [ ][ ]입니다.

독해 확인

1. 옛날 농촌에서 하지 무렵에 했던 일로 알맞은 것은 무엇인가요?

① 벼를 수확했다.
② 당근과 고구마를 심었다.
③ 낙엽을 모아 겨울을 준비했다.
④ 보리를 베고 감자를 캤다.
⑤ 고추를 따서 말렸다.

2. 오늘날 사람들이 하지 무렵에 하는 일로 알맞은 것은 무엇인가요?

① 장갑과 목도리를 준비한다.
② 선풍기나 에어컨을 미리 점검한다.
③ 김장을 하기 위해 배추를 절인다.
④ 볏짚을 태우고 불꽃놀이를 한다.
⑤ 가습기를 틀어 건조하지 않게 한다.

3. 글의 내용을 보고 맞으면 ○, 틀리면 ×표 하세요.

(1) 하지 무렵에는 장마를 대비해 계절이 지난 이불과 옷을 잘 말려서 보관해야 한다. ······ (   )
(2) 하지가 지나면 날씨가 점점 추워지고 본격적인 겨울이 시작된다. ······ (   )
(3) 옛날 농촌에서는 하지 무렵에 병충해를 막기 위한 방제 작업을 했다. ··· (   )

4. 하지와 관련된 속담입니다. 빈칸에 알맞은 낱말을 쓰세요.

[ ][ ]가 지나면 구름장마다 [ ]가 내린다.

어휘 확인

1. 뜻에 알맞은 낱말을 골라 ○표 하세요.

(1) 벼의 싹을 논으로 옮겨 심는 일. (모내기 | 추수)

(2) 앞과 뒤를 아울러 이르는 말. (전통 | 전후)

(3) 농작물의 병충해를 예방하거나 해충을 없앰. (방제 | 방풍)

2. 빈칸에 알맞은 낱말을 보기에서 찾아 쓰세요.

보기: 장마 병충해 곰팡이

(1) 할아버지는 배추밭에 (   )가 생기지 않도록 애쓰셨어요.

(2) 이번 여름은 (   )가 짧을 예정이라고 해요.

(3) 빵에 푸른 (   )가 생겨서 먹으면 안 돼요.

속담 하나 더!

[ ][ ]가 지나면 발을 물꼬에 담그고 산다

▶ 물꼬는 논에 물이 넘어 들어오거나 나가게 하기 위해 만든 작은 통로예요. 하지 이후에는 논이 마르지 않게 물을 대 주어야 벼가 잘 자라기 때문에, 농부들이 논에 물을 대느라 매우 분주하다는 뜻이에요.

디지털 독해

하지가 지나면 본격적인 장마가 시작됩니다. 다음은 각 지역별로 장마가 시작된 날과 끝난 날, 그리고 장마 기간을 나타낸 그림입니다.

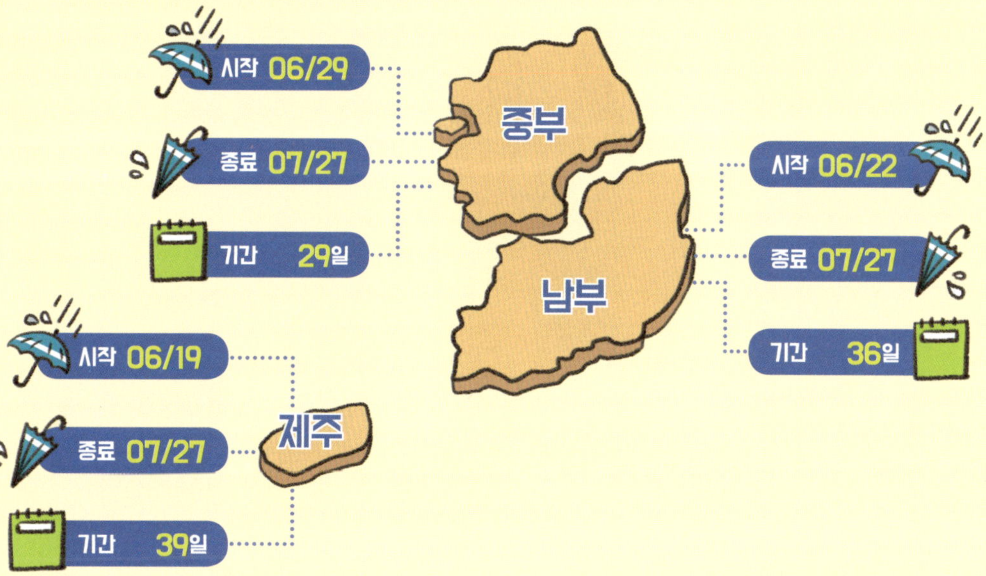

■ **종료** 어떤 행동이나 일 등이 끝남.

디지털 독해 확인

1. 장마가 가장 오래 계속된 지역에 ○표 하세요.

중부　　남부　　제주

2. 그림을 보고 알맞게 이야기한 사람은 누구인가요?

① 가영: 장마가 가장 늦게 시작된 곳은 제주야.
② 승준: 중부 지역에 장마가 지속된 기간은 35일이야.
③ 수호: 남부 지역의 장마는 6월 22일에 시작되었어.
④ 채은: 제주 지역의 장마는 6월 25일에 끝났어.
⑤ 희정: 남부 지역보다 중부 지역의 장마 기간이 더 길어.

7월

국경일
기념일
명절
법정 공휴일
법정 기념일
세시 풍속
절기

일	월	화	수	목	금	토
			1 사회적 기업의 날	2	3 세계 일회용 비닐 봉투 없는 날	4 협동조합의 날
5	6	7 도농 교류의 날 소서	8 방위 산업의 날 정보 보호의 날	9	10	11 인구의 날
12	13	14 음6.1 북한 이탈 주민의 날	15 초복	16	17 제헌절	18 연안 안전의 날
19	20	21	22	23 대서	24	25 중복
26	27 유엔군 참전의 날	28 음6.15	29	30	31	

7월에는 무슨 날이 있을까?

주제	시기	의미
사회적 기업의 날	7월 1일	사회적 기업에 대한 이해를 높이고 사회적 기업가의 활동을 장려하는 날
세계 일회용 비닐 봉투 없는 날	7월 3일	일회용 비닐 봉투의 사용을 줄여 환경을 보호하기 위한 날
협동조합의 날	7월 첫째 토요일	협동조합에 대한 이해를 높이고 활동을 장려하는 날
도농 교류의 날	7월 7일	도시와 농어촌 간의 소통을 늘리고 협력하여 함께 성장하기 위한 날
소서	7월 5~7일경	한자로 '작은 더위'라는 뜻으로, 본격적인 더위가 시작되는 절기
방위 산업의 날	7월 8일	나라를 지키는 데 필요한 방위 산업의 중요성을 알리고 관련 분야 종사자의 긍지와 자부심을 높이는 날
정보 보호의 날	7월 둘째 수요일	정보 보호를 위한 힘을 모아 사이버 공격을 예방하고, 정보 보호를 생활화하기 위한 날
인구의 날	7월 11일	전 세계 인구가 50억 명이 넘은 것을 기념하여 만든 날로, 인구수, 고령화 등 다양한 인구 문제를 되새기는 날
북한 이탈 주민의 날	7월 14일	북한을 떠나 대한민국에 정착한 북한 이탈 주민을 받아들이고 권리를 향상시키며 통일 인식을 높이는 날
초복	소서와 대서 사이	일 년 중 날씨가 가장 더운 기간인 '삼복' 중 첫 번째 복날
제헌절	7월 17일	대한민국 헌법이 만들어진 것을 축하하고 준법정신을 북돋우는 날
연안 안전의 날	7월 18일	강이나 바다와 닿아 있는 육지인 연안에서 발생하는 사고를 예방하고 안전 의식을 높이는 날
대서	7월 23일경	한자로 '큰 더위'라는 뜻으로, 장마가 끝나고 더위가 심한 절기
중복	초복 약 열흘 뒤	일 년 중 날씨가 가장 더운 기간인 '삼복' 중 두 번째 복날
유엔군 참전의 날	7월 27일	유엔(UN) 참전 용사의 희생과 헌신을 기리는 날

과학 기술

정보 보호의 날

7월 둘째 수요일

우리는 인터넷을 통해 친구와 연락하고, 정보를 검색하고, 사진과 글도 쉽게 공유할 수 있습니다. 하지만 편리한 만큼 위험한 점도 있지요. 이름, 사진, 전화번호, 주소 등의 개인 정보를 몰래 가져가 나쁜 일에 쓰는 사람들이 있기 때문입니다. 내 이름으로 물건을 사거나, 나를 사칭해 거짓 소문을 퍼뜨리는 일이 생길 수도 있습니다. 이런 피해를 막기 위해 꼭 필요한 것이 바로 정보 보호입니다.

개인의 정보뿐만 아니라, 공공 기관이나 회사의 중요한 정보를 훔치거나 시스템을 망가뜨리는 사이버 공격도 큰 문제입니다. 그래서 우리나라는 사이버 공격을 예방하고, 국민이 정보 보호를 생활화하도록 정보 보호의 날을 만들었습니다.

정보 보호의 날에는 퀴즈 대회나 체험 활동에 참여하여 정보 보호의 중요성을 배우고 실천 방법을 익힐 수 있습니다. 국제 정보 보호 콘퍼런스도 열려서 여러 나라의 전문가들이 사이버 공격을 막을 방법에 대해 논의합니다.

소중한 정보를 지키기 위해 우리가 할 수 있는 일은 무엇이 있을까요? 모르는 사람이 보낸 이메일이나 문자 메시지는 함부로 열지 말고, 비밀번호는 영어, 숫자, 기호를 섞어 어렵게 만들고 자주 바꾸는 것이 좋습니다. 컴퓨터와 스마트폰에는 백신 프로그램을 설치하고, 인터넷에 사진이나 글을 올릴 때는 개인 정보가 담겨 있지 않은지 꼭 확인해야 합니다. 작은 실천으로 소중한 정보를 지킬 수 있습니다.

오늘의 어휘

- **검색** 책이나 컴퓨터에서 필요한 자료를 찾아내는 일.
- **공유** 정보, 의견, 감정 등을 나눔.
- **사칭** 이름, 직업, 나이, 주소 등을 거짓으로 말함.
- **공공 기관** 국가의 감독 아래 국가나 사회와 관련된 일을 하는 기관.
- **사이버** 컴퓨터로 연결되는 인터넷상의 공간.
- **콘퍼런스** 공통의 주제를 가지고 긴 시간 동안 하는 큰 규모의 회의.
- **기호** 어떠한 뜻을 나타내기 위하여 쓰이는 부호, 문자 등.
- **백신** 컴퓨터 바이러스를 찾아내고 손상된 기억 장치를 치료하는 프로그램.

핵심 내용

☐☐ ☐☐의 날은 사이버 공격을 예방하고, 정보 보호를 생활화하기 위한 날입니다.

독해 확인

1. 인터넷을 사용할 때 조심해야 하는 이유로 알맞은 것은 무엇인가요?
   ① 인터넷 속도가 느려질까 봐
   ② 컴퓨터가 고장날까 봐
   ③ 물건을 더 싸게 사기 위해서
   ④ 개인 정보를 지키기 위해서
   ⑤ 게임을 더 오래 하기 위해서

2. 정보 보호의 날에 열리는 행사로 알맞은 것은 무엇인가요?
   ① 정보 보호 퀴즈 대회
   ② 온라인 게임 대회
   ③ 조회 수 높은 영상 단체 상영
   ④ 유명한 크리에이터와의 만남
   ⑤ 컴퓨터 조립 대회

3. 개인 정보를 지키기 위한 방법이 아닌 것은 무엇인가요?
   ① 모르는 사람이 보낸 문자 메시지는 열지 않는다.
   ② 컴퓨터에 백신 프로그램을 설치한다.
   ③ 인터넷에 내 사진을 최대한 많이 올린다.
   ④ 비밀번호는 영어, 숫자, 기호를 섞어 어렵게 만든다.
   ⑤ 비밀번호를 자주 바꾼다.

4. 개인 정보에 해당하는 것에 모두 ○표 하세요.

이름	유명 식당 이름	얼굴 사진
전 세계 인구수	전화번호	집 주소

어휘 확인

1. 뜻에 알맞은 낱말을 골라 ○표 하세요.

(1) 이름, 직업, 나이 등을 거짓으로 말함. (사칭 | 명칭)

(2) 공통의 주제를 가지고 긴 시간 동안 하는 큰 규모의 회의. (콘퍼런스 | 콘서트)

(3) 어떠한 뜻을 나타내기 위하여 쓰이는 부호, 문자 등. (암호 | 기호)

2. 빈칸에 알맞은 낱말을 보기 에서 찾아 쓰세요.

보기　공공 기관　검색　백신

(1) 낱말의 뜻을 모를 때는 인터넷 사전에서 (　　　　)하면 돼요.

(2) 주민 센터, 경찰서, 도서관은 우리 동네에 있는 대표적인 (　　　　　　)이에요.

(3) 컴퓨터에 (　　　　) 프로그램을 설치하지 않으면 바이러스에 걸릴 수 있어요.

포함하는 말

그림과 낱말을 보고, 포함하는 말을 빈칸에 쓰세요.

디지털 독해

비공개 상담 게시판

제목: 인터넷에 제 개인 정보가 유출된 것 같아요.

얼마 전에 이상한 일이 있었어요.
인터넷 게임을 하는 중에 어떤 모르는 사람이 친구처럼 말을 걸었어요.
제 이름을 알고 있고, 제 사진도 본 적 있다고 했어요.
혹시 누가 인터넷에 제 사진이나 이름을 올린 건 아닐까요?
무섭고 걱정돼요. 어떻게 해야 할까요?

사이버 보안 전문가

많이 놀라고 무서웠을 거예요. 하지만 걱정 마세요.
지금 당장 할 수 있는 일부터 알려 드릴게요.
대화를 했던 사이트의 이름을 부모님이나 선생님께 정확히 알려 주세요. 그 사람이 보낸 글과 사진은 지우지 말고 저장해 두세요. 나중에 신고할 때 중요한 자료가 돼요. 차단 기능을 이용해 그 사람과 더 이상 연결되지 않도록 하세요. 그리고 한 가지 더! 친구들과 주고받은 사진의 배경에 학교 이름이 보이지 않는지 꼭 확인해 보세요.

- **유출** 귀중한 물품이나 정보가 불법적으로 밖으로 흘러 나감.
- **차단** 다른 것과의 관계나 접촉을 막거나 끊음.

디지털 독해 확인

1. 글쓴이의 고민에 답변을 써 준 사람은 누구인가요?

( )

2. 글쓴이가 지금 당장 할 수 있는 일이 아닌 것은 무엇인가요?

① 부모님이나 선생님께 대화했던 사이트의 이름을 알린다.
② 의심스러운 사람이 보낸 글과 사진은 저장한다.
③ 의심스러운 사람과 연결되지 않도록 차단한다.
④ 사진을 예쁘게 꾸며서 다시 올린다.
⑤ 사진에 학교 이름이 나오지 않았는지 확인한다.

역사

제헌절 7월 17일

제헌절은 대한민국에 헌법이 만들어지고 공포한 것을 기념하는 날입니다. 헌법은 모든 법의 기본이며 나라의 가장 중요한 법입니다. 대한민국을 꾸려 나가는 원칙, 국민의 권리와 의무, 국회와 정부의 구성 방법 등이 헌법에 담겨 있습니다. 다른 법은 모두 헌법을 바탕으로 만들어지기 때문에 헌법은 우리 사회를 움직이는 기본 약속이라고 할 수 있지요.

1948년 7월 17일, 우리나라는 자유롭고 평등한 나라를 만들기 위해 헌법을 정하고 공포했습니다. 헌법을 7월 17일에 공포한 이유는 조선이 건국된 날이기 때문입니다. 조상들의 정신을 이어받고, 새로운 나라를 다시 세운다는 마음이 담겨 있지요.

헌법 제1조 1항은 '대한민국은 민주공화국이다'이고, 2항은 '대한민국의 주권은 국민에게 있고, 모든 권력은 국민으로부터 나온다'고 되어 있습니다. 우리나라가 자유 민주주의 국가이며, 국민이 나라의 주인이라는 뜻입니다. 또한 모든 국민이 사람답게 살 권리, 행복하게 살 권리, 자유롭고 평등하게 살 권리도 헌법에 보장되어 있습니다.

제헌절에 국회에서는 헌법의 의미를 되새기는 기념 행사가 열리고, 학교에서는 민주주의에 대해 배웁니다. 가정에서는 태극기를 달며 제헌절을 기념하지요. 제헌절은 헌법이 만들어진 것을 축하하고, 헌법이 보장하는 우리의 권리를 소중히 여기며 법을 잘 지키겠다고 다짐하는 날입니다.

오늘의 어휘

- **공포** 일반 사람들에게 널리 알림.
- **바탕** 사물이나 현상을 이루는 기초.
- **건국** 나라를 세움.
- **공화국** 주권이 국민에게 있는 나라.
- **주권** 국가의 일을 최종적으로 결정하는 권력.
- **권력** 남을 복종시키거나 지배할 수 있는 권리와 힘.
- **보장** 어떤 일이 어려움 없이 이루어지도록 보호함.

핵심 내용

제헌절은 대한민국 ☐☐이 만들어지고 공포한 것을 기념하는 날입니다.

독해 확인

1. 헌법을 7월 17일에 공포한 이유는 무엇인가요?

① 여름 방학이 시작되는 날이라서
② 대통령이 정한 특별한 날이라서
③ 조선이 세워진 날이기 때문에
④ 날씨가 가장 좋은 날이라서
⑤ 사람들이 많이 모이는 날이라서

2. 헌법에 대한 설명으로 알맞은 것은 무엇인가요?

① 헌법은 학교에서만 지켜야 하는 규칙이다.
② 헌법은 대통령만 지키면 되는 법이다.
③ 헌법은 나라의 법 중에서 가장 기본이 되는 법이다.
④ 헌법은 어린이의 권리를 보장하지 않는다.
⑤ 헌법은 지역에 따라 달라지는 규칙이다.

3. 헌법 덕분에 우리가 누릴 수 있는 권리가 아닌 것은 무엇인가요?

① 사람답게 살 권리
② 행복하게 살 권리
③ 자유롭게 생활할 권리
④ 평등하게 대우 받을 권리
⑤ 남의 물건을 마음대로 사용할 권리

4. 다음은 헌법 제1조 2항입니다. 빈칸에 공통으로 들어갈 낱말을 쓰세요.

대한민국의 주권은 ☐☐에게 있고,
모든 권력은 ☐☐으로부터 나온다.

어휘 확인

1. 빈칸에 알맞은 낱말을 보기 에서 찾아 쓰세요.

보기 건국 바탕 보장

(1) 나는 동생이 그린 그림을 (   )으로 멋진 작품을 완성했어요.

(2) 고조선의 (   ) 신화에는 곰과 호랑이가 나와요.

(3) 동생에게 한 이야기는 비밀이 (   )되지 않아요.

2. 낱말과 낱말의 뜻을 알맞게 연결하세요.

공포 •	• 남을 복종시키거나 지배할 수 있는 권리와 힘.
공화국 •	• 주권이 국민에게 있는 나라.
권력 •	• 일반 사람들에게 널리 알림.

생활 속 낱말 활용

그림을 보고 빈칸에 공통으로 들어갈 낱말을 쓰세요.

☐☐ 재판소

대한민국 ☐☐

☐☐ 재판관

디지털 독해

헌법 재판소 　 선고·변론 사건 　 판례·법령·통계 　 헌법 재판 안내 　 참여·소통 　 알림·소식 　 헌법 재판소 소개

헌법 재판소 견학 안내

헌법 재판소는 나라의 가장 중요한 법인 '헌법'을 지키는 기관이에요. 법이나 제도가 헌법에 맞는지 판단하고, 국민의 기본권을 보호하는 역할을 해요.
헌법 재판소에서는 어린이들이 헌법의 소중함을 느끼고, 헌법 재판에 대해 쉽게 이해할 수 있도록 견학 프로그램을 운영하고 있어요.

시간 안내	월요일부터 금요일까지 오전 10시, 오후 3시
인원 안내	20명~50명
순서 안내	대강당(헌법 재판소 소개 영상 시청) → 대심판정 → 도서관(법률 자료실) → 전시관
신청 방법	견학 신청서 작성 후 온라인 접수 (★첨부 파일: 견학 신청서)

디지털 독해 확인

1. 법이나 제도가 헌법에 맞는지 판단하는 기관은 어디인가요?

(　　　　　　　　　)

2. 헌법 재판소를 견학할 때 제일 처음 가는 곳으로, 헌법 재판소 소개 영상을 볼 수 있는 곳은 어디인가요?
① 대심판정 　 ② 도서관 　 ③ 대강당
④ 전시관 　 ⑤ 알림터

8월

국경일
기념일
명절
법정 공휴일
법정 기념일
세시 풍속
절기

일	월	화	수	목	금	토
						1
2	3	4	5	6	7 입추	8 무궁화의 날 섬의 날 세계 고양이의 날
9	10	11	12 국제 청소년의 날	13 음7.1	14 말복 일본군 위안부 피해자 기림의 날	15 광복절
16	17	18	19 칠석	20	21	22
23 국제 노예 무역 철폐 기념의 날 처서	24	25	26	27 음7.15 백중	28	29
30	31					

8월에는 무슨 날이 있을까?

주제	시기	의미
입추	8월 7~8일경	여름이 지나고 가을이 되었음을 알리는 절기
무궁화의 날	8월 8일	우리나라를 상징하는 꽃인 무궁화에 대한 관심을 높이는 날
섬의 날	8월 8일	섬의 가치와 중요성을 알리는 날
세계 고양이의 날	8월 8일	고양이에 대한 인식을 개선하고 유기묘 입양을 격려하는 날
국제 청소년의 날	8월 12일	청소년의 복지와 생활 환경 등을 좋게 바꾸어 더 나은 삶을 살 수 있게 하는 날
말복	입추와 처서 사이	일 년 중 날씨가 가장 더운 기간인 '삼복' 중 마지막 복날
일본군 위안부 피해자 기림의 날	8월 14일	일본군 위안부 문제를 국내외에 알리고 피해자를 기리는 날
광복절	8월 15일	1945년 일본으로부터 국권을 되찾은 날과 1948년 대한민국 정부가 수립된 날을 기념하며, 독립 정신을 통한 국가 발전을 다짐하는 날
칠석	음력 7월 7일	설화 속의 견우와 직녀가 오작교에서 만나는 날
국제 노예 무역 철폐 기념의 날	8월 23일	노예 무역과 노예 제도의 문제점을 알리고, 현재까지 남아 있는 노예 제도 문제에 대한 관심을 높이는 날
처서	8월 23일경	더위가 그치고 선선한 가을의 기운을 느끼게 되는 절기
백중	음력 7월 15일	김매기 후 농사일을 쉬는 기간에 음식과 술을 나누어 먹으며 휴식을 취하는 날

언어

입추 8월 7~8일경

입추는 한자로 '설 입(立)'과 '가을 추(秋)'를 써서 '가을에 들어서는 날'이라는 뜻입니다. 보통 8월 **초순**으로 아직 더위가 남아 있지만 아침저녁으로는 선선한 바람이 불기 시작하지요. 사람들은 이때부터 가을을 준비합니다.

입추 무렵이면 봄에 심었던 참깨와 옥수수를 **수확**하고, **김장**에 사용할 배추와 무를 심습니다. 논에서는 병충해 막는 일을 하고, **태풍**과 장마로 쓰러졌던 벼를 다시 일으켜 세웁니다. 벼농사의 수확을 준비하는 중요한 시기이지요.

옛날 농촌에서는 입추 무렵에 비가 많이 올까 봐 걱정했습니다. 벼가 **한창** 익어가는 시기라 맑고 화창한 날씨가 필요하기 때문입니다. 그래서 비가 많이 올 때면, 비가 그치기를 비는 **제사**인 '기청제'를 지내기도 했습니다. 이는 **가뭄**에 비를 내려 달라고 비는 '기우제'와 반대되는 풍습입니다.

"입추 때는 벼 자라는 소리에 개가 짖는다"는 속담이 있습니다. 장마가 끝나고 입추 무렵이 되면 날씨가 좋아 벼가 쑥쑥 잘 자라는데, 자라는 소리를 개가 들을 수 있을 정도라는 뜻이지요. 수확을 앞둔 사람들이 풍년을 기대하는 마음을 담아 하는 말이기도 합니다. 오늘날에는 입추에 특별한 행사를 하지는 않지만, 여전히 입추는 자연의 변화를 느끼고 가을의 시작을 알리는 **상징적**인 절기입니다.

오늘의 어휘

- **초순** 한 달 중 1일에서 10일까지의 기간.
- **수확** 익은 농작물을 거두어들임.
- **김장** 늦가을이나 초겨울에 김치를 많이 담그는 것.
- **태풍** 바다에서 생긴 아주 센 바람과 비가 함께 몰아치는 것.
- **한창** 어떤 일이 가장 활발하게 일어나는 때.
- **제사** 신이나 죽은 사람의 혼에 음식을 바치며 바라는 것을 빌거나 정성을 나타내는 의식.
- **가뭄** 오랫동안 계속하여 비가 내리지 않아 메마른 날씨.
- **상징적** 형태가 없는 개념이나 사물을 구체적으로 나타내는 것.

핵심 내용

여름이 지나고 가을에 접어들었음을 알리는 절기는 [ ][ ]입니다.

독해 확인

1. 입추에 대한 설명으로 알맞지 않은 것은 무엇인가요?

① 가을이 시작되는 절기이다.
② 보통 8월 초순이다.
③ 일 년 중 가장 추운 때이다.
④ 참깨와 옥수수를 수확한다.
⑤ 태풍에 쓰러진 벼를 다시 세운다.

2. 입추의 풍습에 대한 설명으로 알맞은 것은 무엇인가요?

① 입추에는 비가 많이 와야 벼가 잘 자란다.
② 기청제는 비가 오게 해 달라고 비는 제사이다.
③ 옛날에는 입추 무렵에 눈이 오는 것을 걱정했다.
④ 입추 무렵은 벼가 익어가는 시기라 맑은 날씨를 바랐다.
⑤ 요즘 사람들은 입추에 기청제를 꼭 지낸다.

3. 입추와 관련된 속담의 뜻을 바르게 설명한 것에 ○표 하세요.

입추 때는 벼 자라는 소리에 개가 짖는다

입추에는 바람 소리가 커서 개가 깜짝 놀란다는 뜻. .... (　　)
자라는 소리가 들릴 만큼 벼가 무럭무럭 큰다는 뜻. .... (　　)

4. 입추 무렵에 밭에 배추와 무를 심는 것은 무엇을 하기 위해서인가요?

(　　　　　　　　)

어휘 확인

1. 뜻에 알맞은 낱말을 골라 ○표 하세요.

(1) 익은 농작물을 거두어들임. (수확 | 수집)

(2) 어떤 일이 가장 활발하게 일어나는 때. (한창 | 잠깐)

(3) 형태가 없는 개념이나 사물을 구체적으로 나타내는 것. (상징적 | 창의적)

2. 빈칸에 알맞은 낱말을 보기에서 찾아 쓰세요.

보기: 김장 태풍 제사

(1) 어젯밤에 (   )이 불어서 나무가 쓰러지고 간판이 떨어졌어요.

(2) 할아버지의 (   )를 지내기 위해 가족들이 모두 모였어요.

(3) 우리 가족은 겨울이 오기 전에 (   )을 해서 김치냉장고에 보관해요.

한자로 만나는 어휘

한자를 보고, 각 낱말의 빈칸에 들어갈 글자를 쓰세요.

□석

입□

秋

가을 추

□수

□풍

디지털 독해

계림 뉴스

8월의 중순이 지나고 있지만,
찜통더위는 계속되고 있습니다.
자세한 내용은 강선희 기자가
전해 드립니다.

가을이 시작된다는 입추가 지난 지 어느덧 일주일이지만 한여름 같은 무더위가 이어지고 있습니다. 현재 전국에 폭염 경보가 내려졌고, 밤에도 기온이 25도 아래로 내려가지 않는 열대야가 이어지고 있습니다. 이러한 더위는 앞으로도 열흘은 더 계속된다고 합니다. 일부 지역에 소나기가 예상되지만 소나기가 내릴 때만 기온이 일시적으로 내려갔다가 다시 올라 더위가 가시지는 않겠습니다. 불필요한 야외 활동은 피하고 온열 질환을 조심하시기 바랍니다.

- **찜통더위** 무척 무더운 여름철의 날씨.
- **폭염** 매우 심한 더위.
- **온열 질환** 뜨거운 날씨나 열에 오랜 시간 노출되었을 때 생기는 병.

디지털 독해 확인

1. 뉴스에서 설명하는 현재의 날씨로 알맞지 않은 것은 무엇인가요?

① 무더위가 계속되고 있다.
② 일부 지역에 소나기가 내릴 것이다.
③ 밤에도 기온이 떨어지지 않는다.
④ 입추가 지났으니 시원해질 것이다.
⑤ 앞으로 열흘은 계속 더울 것이다.

2. 기온이 25도 아래로 내려가지 않는 무더운 밤을 무엇이라고 하나요?

( )

광복절 8월 15일

우리나라는 1910년에 일본에게 나라를 빼앗기고, 35년 동안 일제 강점기를 겪었습니다. 일본은 우리 땅을 빼앗아 마음대로 사용했고, 우리나라 사람들을 전쟁터에 억지로 데려갔습니다. 우리말과 글을 쓰는 것은 금지되었고, 학교에서는 일본인이 만든 교과서로 공부해야 했지요. 우리 민족은 자유를 빼앗기고, 고통 속에 살았습니다.

1945년 8월 15일, 우리나라는 일본으로부터 해방되었습니다. 이날을 광복절이라고 합니다. '광복'은 빛을 다시 찾는다는 뜻으로, 잃어버렸던 국권을 회복했다는 의미입니다. 해방 이후 1948년 8월 15일에는 대한민국이 당당한 독립 국가로서 정부를 세웠습니다. 그래서 8월 15일은 대한민국 정부 수립을 경축하는 날이기도 합니다.

광복은 저절로 이루어진 것이 아닙니다. 수많은 사람들이 태극기를 흔들며 "대한 독립 만세!"를 외쳤고, 무기를 들고 싸우며 독립운동을 했습니다. 독립신문을 만들고, 학교를 세워 나라의 힘을 기른 사람들도 있습니다. 많은 사람들의 희생과 노력 덕분에 광복이 이루어진 것입니다.

광복절에 가정에서는 태극기를 달아 나라를 사랑하는 마음을 표현합니다. 공공기관에서는 독립운동과 관련된 영화를 상영하고, 사진을 전시합니다. 독립운동가들이 갇혔던 감옥을 체험하거나 역사 연극을 볼 수도 있습니다. 이런 활동에 참여하며 나라를 위해 힘쓴 분들을 떠올리고 감사해야 합니다.

오늘의 어휘

- **일제 강점기** 1910년에 일본에게 국권을 빼앗긴 후 1945년 해방되기까지 35년 간의 시기.
- **해방** 자유를 제한하거나 억압하는 데에서 벗어나게 함.
- **국권** 국가의 권력.
- **회복** 원래의 상태를 되찾음.
- **수립** 국가, 정부, 제도, 단체 등을 이루어 세움.
- **경축** 경사스러운 일을 축하함.
- **상영** 영화와 같은 영상물을 공개함.

핵심 내용

☐☐☐☐ 년 ☐ 월 ☐☐ 일에 우리나라는 일본으로부터 해방되었습니다.

독해 확인

1. 일제 강점기에 있었던 일이 아닌 것은 무엇인가요?

① 우리말과 글을 자유롭게 사용했다.
② 일본이 우리 땅을 마음대로 사용했다.
③ 우리나라 사람들을 전쟁터에 억지로 데려갔다.
④ 일본인이 만든 교과서로 공부하게 했다.
⑤ 자유를 빼앗기고 고통 속에 살았다.

2. 광복을 위해 노력한 방법으로 알맞은 것은 무엇인가요?

① 일본 땅을 빼앗아 마음대로 사용했다.
② 사람들이 모두 싸움을 피했다.
③ 일본 사람들과 친하게 지냈다.
④ 무기를 들고 싸우며 독립운동을 했다.
⑤ 이름을 일본식으로 바꾸었다.

3. 광복절의 의미를 되새기는 활동이라고 보기 어려운 것은 무엇인가요?

① 독립운동과 관련된 영화 보기
② 독립운동 사진 보기
③ 독립운동가들이 갇혔던 감옥 체험하기
④ 일본 역사의 우수성 조사하여 발표하기
⑤ 태극기 게양하기

4. 빈칸에 알맞은 낱말을 쓰세요.

광복절은 우리나라가 일본으로부터 해방된 것을 기념하는 날인 동시에, ☐☐☐☐ ☐☐ 수립을 경축하는 날입니다.

어휘 확인

1. 뜻에 알맞은 낱말을 찾아 ○표 하세요.

(1) 국가의 권력.

(2) 국가, 정부, 제도, 단체 등을 이루어 세움.

(3) 경사스러운 일을 축하함.

나	국	무	장
조	권	라	화
수	립	선	경
만	방	세	축

2. 빈칸에 알맞은 낱말을 보기 에서 찾아 쓰세요.

보기 일제 강점기 해방 상영

(1) (   )에 억지로 전쟁터에 끌려가서 죽은 사람도 많아요.

(2) 영화관에서 새 영화를 (   )하고 있어요.

(3) 사람들은 (   )을 맞아 기쁨과 희망으로 가득했어요.

아하! 틀리기 쉬운 말

아래 두 문장 중 낱말이 바르게 쓰인 문장에 ○표 하세요.

광복절에 태극기 다는 것을 잃어버리면 안 돼요. ……… (   )

광복절에 태극기 다는 것을 잊어버리면 안 돼요. ……… (   )

잃어버리다

가졌던 물건이 자신도 모르는 사이에 없어지다.

잊어버리다

한번 알았던 것을 기억하지 못하다.

▶ '잃어버리다'와 '잊어버리다'는 비슷하게 생겼지만 뜻은 완전히 다르답니다.

[예] 잃어버리다: 놀이터에서 놀다가 지갑을 잃어버렸어요.

디지털 독해

독립운동가를 소개합니다!

김구

나라를 되찾기 위해 임시 정부에서 활동했어요.
"나의 소원은 대한 독립이다."라는 말을 남겼지요.

이회영

전 재산을 팔아 독립운동을 지원했어요.
만주에 신흥 무관 학교를 세워 많은 독립운동가를 길렀어요.

안중근

우리나라를 빼앗는 데 앞장선 이토 히로부미에게 총을 쏘았어요.
감옥에서도 "대한 독립 만세!"를 외치며 당당한 모습을 보였지요.

안창호

국민의 실력이 나라의 힘이라고 믿고 교육에 힘썼어요.
독립운동을 이끌 사람들을 기르기 위해 흥사단을 만들었어요.

디지털 독해 확인

1. 전 재산을 팔아 독립운동을 지원하고 만주에 신흥 무관 학교를 세워 많은 독립운동가를 길러 낸 인물은 누구인가요?

( )

2. 안창호가 흥사단을 만든 이유는 무엇인가요?

① 돈을 벌기 위해서
② 외국에서 살기 위해서
③ 그림을 그리기 위해서
④ 독립운동을 이끌 사람들을 기르기 위해서
⑤ 일본을 돕기 위해서

9월

국경일
기념일
명절
법정 공휴일
법정 기념일
세시 풍속
절기

일	월	화	수	목	금	토
		1 여권 통문의 날 통계의 날	2	3	4 고향 사랑의 날 지식 재산의 날 태권도의 날	5
6	7 곤충의 날 백로 사회 복지의 날 푸른 하늘의 날 화장품의 날	8	9 숙련 기술인의 날	10 자살 예방의 날 해양 경찰의 날	11 음8.1	12
13 대한민국 법원의 날	14 산업 단지의 날	15	16	17	18	19 연안 정화의 날 청년의 날
20	21 치매 극복의 날	22	23 이산가족의 날 추분	24	25 음8.15 군인 가족의 날 추석	26
27	28	29	30 개인 정보 보호의 날 조달의 날			

9월에는 무슨 날이 있을까?

주제	시기	의미
여권 통문의 날	9월 1일	1898년에 발표된 우리나라 최초의 여성 인권 선언을 기리는 날
통계의 날	9월 1일	통계의 중요성을 알리고 통계 활용을 권장하는 날
지식 재산의 날	9월 4일	지식 재산권의 중요성을 알리고 지식 재산이 존중되는 사회를 만들기 위한 날
태권도의 날	9월 4일	태권도의 위상을 높이고 발전시키기 위한 날
곤충의 날	9월 7일	곤충의 환경적, 영양학적 가치와 곤충 산업의 중요성을 알리는 날
사회 복지의 날	9월 7일	사회 복지 사업에 대한 이해를 높이고, 관련 분야 종사자의 활동을 격려하는 날
푸른 하늘의 날	9월 7일	대기 오염의 심각성을 알리고, 깨끗한 공기를 만들기 위한 관심과 참여를 북돋우는 날
화장품의 날	9월 7일	화장품 산업의 발전을 기념하고 화장품에 대한 이해와 관심을 높이는 날
숙련 기술인의 날	9월 9일	오랜 경험과 뛰어난 기술을 가진 숙련 기술인을 존중하고 사회적, 경제적 지위를 높이기 위한 날
자살 예방의 날	9월 10일	자살 문제의 심각성을 알리고, 자살 예방을 위해 노력하는 날
해양 경찰의 날	9월 10일	바다를 지키는 해양 경찰의 노고를 칭찬하고, 해양 자원 보호 및 관리의 중요성을 알리는 날
연안 정화의 날	9월 셋째 토요일	해양 오염의 심각성을 알리고 깨끗한 해양 환경 보전을 위해 노력하는 날
청년의 날	9월 셋째 토요일	청년의 권리를 보장하고 청년 발전의 중요성을 알리며 청년 문제에 대한 관심을 높이는 날
치매 극복의 날	9월 21일	치매 관리의 중요성을 알리고 치매를 극복하기 위한 공감대를 형성하는 날
이산가족의 날	음력 8월 13일	남북 분단으로 헤어진 가족의 아픔을 위로하고, 이산가족 문제에 대한 관심을 높이는 날
추분	9월 23일경	낮과 밤의 길이가 같아지고 가을이 왔음을 실감하는 절기
군인 가족의 날	9월 넷째 금요일	군인이 나라를 지키는 데 집중할 수 있도록 헌신한 군인 가족들에게 감사하는 날
추석	음력 8월 15일	가을 중 달이 가장 밝은 날로, 우리나라의 가장 큰 명절 중 하나
개인 정보 보호의 날	9월 30일	개인 정보의 보호 및 처리의 중요성을 알리는 날
조달의 날	9월 30일	정부나 공공 기관이 물건이나 서비스를 사는 일인 공공 조달의 중요성을 알리고 관심을 높이는 날

예술

태권도의 날 9월 4일

태권도는 오래전부터 이어져 내려온 우리나라의 전통 무술로, 1960년대부터 본격적으로 발전했습니다. 다른 무기를 사용하지 않고 손과 발로 공격과 방어를 하며 몸과 마음을 단련하는 운동입니다. 대한민국이 전 세계에 자랑하는 대표적인 무술이자 문화이지요.

태권도의 날은 세계 태권도인들 간의 단결과 태권도의 위상 강화를 위해 세계 태권도 연맹에서 만들었습니다. 1994년 국제 올림픽 위원회(IOC) 총회에서 태권도가 올림픽 정식 종목으로 채택된 날인 9월 4일을 기념하여 날짜를 정했습니다.

우리나라는 2008년에 태권도의 날을 법정 기념일로 정하고 태권도에 대한 관심을 모으기 위해 다양한 행사를 열고 있습니다. 전국 곳곳에서 태권도 시범 공연과 체험 행사가 열리고, 태권도 경기, 학술 행사, 태권도 유공자 포상 등도 함께 진행합니다.

태권도의 날은 단순히 무술을 알리는 날이 아니라 태권도에 담겨 있는 우리나라의 문화와 정신, 그리고 예술을 알리는 날입니다. 태권도를 주제로 한 뮤지컬과 영화, 태권도와 결합한 댄스 등이 널리 알려지면서 태권도는 이미 예술적 표현의 수단으로서 주목받고 있습니다. 앞으로도 태권도는 무술, 예술을 아우르며 세계에 우리나라의 문화를 널리 알리는 소중한 자산이 될 것입니다.

오늘의 어휘

- **무술** 무기 쓰기, 주먹질, 발길질 등의 싸움에 관한 기술.
- **단련** 몸과 마음을 굳세게 함.
- **단결** 많은 사람이 마음과 힘을 모음.
- **위상** 어떤 것이 다른 것들 사이에서 차지하는 자리나 모습.
- **종목** 여러 가지 종류에 따라 나눈 각각의 부분.
- **채택** 많은 것 중에서 하나를 골라서 씀.
- **학술** 어떤 분야에 대한 지식과 기술.
- **포상** 칭찬하여 상을 줌.
- **결합** 둘 이상의 사람이나 사물이 서로 하나가 됨.
- **자산** 미래에 성공하거나 발전할 수 있는 바탕이 될 만한 것을 비유적으로 이르는 말.

핵심 내용

세계 태권도인들 간의 단결과 태권도의 위상 강화를 위해 9월 4일을
□□□의 날로 정하여 힘쓰고 있습니다.

독해 확인

1. 태권도에 대한 설명으로 알맞지 않은 것은 무엇인가요?
   ① 몸과 마음을 단련하는 운동이다.
   ② 1960년대부터 본격적으로 발전했다.
   ③ 값비싼 도구가 많이 필요한 운동이다.
   ④ 손과 발을 사용해서 공격과 방어를 한다.
   ⑤ 오래전부터 이어져 내려온 전통 무술이다.

2. 우리나라에서 태권도의 날이 법정 기념일로 정해진 시기는 언제인가요?
   ① 1994년 ② 2006년 ③ 2008년
   ④ 2010년 ⑤ 2025년

3. 태권도의 날에 하는 일이 아닌 것은 무엇인가요?
   ① 태권도 시범 경기
   ② 태권도를 대체할 무술 개발
   ③ 태권도에 관한 토의
   ④ 태권도에 관한 연구 발표
   ⑤ 태권도 발전에 도움을 준 사람에 대한 포상

4. 태권도가 지닌 가치를 가장 잘 설명한 것은 무엇인가요?
   ① 태권도와 예술 공연은 관련이 없다.
   ② 동작이 과격하기 때문에 여성들은 하기 어렵다.
   ③ 전 세계 많은 사람들이 배우고 즐기는 운동이다.
   ④ 오랫동안 고급 기술을 훈련한 사람만 할 수 있는 운동이다.
   ⑤ 올림픽 정식 종목으로 채택되기는 힘들다.

어휘 확인

1. 뜻에 알맞은 낱말을 보기 에서 찾아 쓰세요.

보기: 채택 단결 위상

(1) 어떤 것이 다른 것들 사이에서 차지하는 자리나 모습. (   )

(2) 많은 사람이 마음과 힘을 모음. (   )

(3) 많은 것 중에서 하나를 골라서 씀. (   )

2. 낱말과 낱말의 뜻을 알맞게 연결하세요.

낱말		뜻
무술 •		• 칭찬하여 상을 줌.
포상 •		• 무기 쓰기, 발길질, 주먹질 등의 싸움에 관한 기술.
학술 •		• 어떤 분야에 대한 지식과 기술.

앗 나의 실수! 맞춤법 알기

일기를 보고 틀린 글자를 찾아 바르게 고쳐 쓰세요.

9월 4일 금요일 날씨

우리 학교 3학년 대표로 태권도 대회에
나가서 금메달을 땄다. 선생님께서는
학교의 이상을 높였다며 기뻐하셨다.

바르게 고쳐요. (→)

디지털 독해

디지털 독해 확인

1. 빈칸에 알맞은 낱말을 쓰세요.

태권도를 하면 ☐☐ ☐☐☐이 높아진다.

2. 태권도를 배우면 나타나는 효과가 아닌 것은 무엇인가요?

① 문제 행동이 줄어든다.
② 공부를 더 잘하게 된다.
③ 스스로 감정을 조절할 수 있다.
④ 부정적인 생각이 늘어난다.
⑤ 행동을 조절하는 능력이 높아진다.

환경

푸른 하늘의 날

9월 7일

공기가 깨끗하지 않으면 푸른 하늘을 볼 수 없습니다. 푸른 하늘의 날은 **대기** 오염의 심각성을 알리고, 깨끗한 공기를 지키기 위해 만들었습니다. 우리나라가 **유엔**에 제안해서 지정된 첫 공식 기념일로, 유엔에서는 '푸른 하늘을 위한 세계 **청정** 대기의 날'이라고 부르고 있습니다.

공기가 오염되면 우리 생활에 많은 영향을 끼칩니다. **미세 먼지**가 많은 날에는 하늘이 뿌옇게 흐려지고, 마스크 없이는 외출하기도 힘들지요. 학교에서는 체육 활동이 취소되고, 야외 활동을 못하는 날도 많아집니다.

대기 오염의 주된 원인은 자동차나 공장에서 나오는 **매연**, 쓰레기를 태울 때 나오는 연기입니다. 대기 오염을 줄이기 위해 가까운 거리는 걷거나 자전거를 타고, 버스나 지하철 같은 대중교통을 이용하는 것이 좋습니다. 집에서는 **분리배출**을 잘하고 일회용품을 적게 사용하면 대기 오염을 줄일 수 있습니다. 여름엔 에어컨 온도를 너무 낮추지 않고, 겨울엔 난방 온도를 적당히 유지하는 것도 도움이 됩니다.

푸른 하늘의 날에는 환경을 생각하는 다양한 행사가 열립니다. 하늘을 자세히 관찰하는 **천체 관측** 캠프에 참여하거나 **업사이클** 소품을 만들 수 있고, 환경 보호 운동에 참여할 수도 있습니다. 이런 활동을 통해 푸른 하늘의 소중함을 느끼고, 일상 속에서 직접 실천하여 우리의 푸른 하늘을 지켜 나가야 합니다.

오늘의 어휘

- **대기** 공기를 다르게 부르는 말.
- **유엔(UN)** 국제 평화와 안전을 유지하고 국가 간의 협력을 위해 만든 단체.
- **청정** 맑고 깨끗함.
- **미세 먼지** 눈에 보이지 않을 정도로 아주 작은 먼지.
- **매연** 연료가 탈 때 나오는 연기로 검은 가루가 섞여 있음.
- **분리배출** 쓰레기를 종류별로 나누어서 버림.
- **천체 관측** 하늘에 있는 별, 달, 해 등을 망원경이나 눈으로 살펴보는 것.
- **업사이클** 버려지는 물건에 디자인과 활용성을 더해 가치를 높이는 일.

핵심 내용

대기 오염의 심각성을 알리고, 깨끗한 공기를 지키기 위해 □□ □□의 날을 만들었습니다.

독해 확인

1. 미세 먼지가 심할 때 일어날 수 있는 일로 알맞은 것은 무엇인가요?

① 야외 활동이 늘어난다.
② 고속도로에서 앞이 더 잘 보인다.
③ 학교 체육 활동이 취소된다.
④ 나무가 더 빨리 자란다.
⑤ 마스크를 쓰지 않아도 된다.

2. 푸른 하늘의 날에 참여할 수 있는 활동으로 알맞은 것은 무엇인가요?

① 물놀이 대회에 참가한다.
② 게임 대회에서 상을 받는다.
③ 업사이클 소품을 만든다.
④ 로켓 발사 실험에 참여한다.
⑤ 전통놀이를 즐긴다.

3. 대기 오염을 줄이는 방법으로 알맞지 않은 것은 무엇인가요?

① 가까운 거리는 걸어 다닌다.
② 분리배출을 철저히 한다.
③ 일회용품을 많이 사용한다.
④ 대중교통을 이용한다.
⑤ 실내 온도를 적당히 유지한다.

4. 빈칸에 알맞은 낱말을 쓰세요.

푸른 하늘의 날(푸른 하늘을 위한 세계 청정 대기의 날)은 우리나라가 □□에 제안해서 지정된 첫 공식 기념일이에요.

어휘 확인

1. 초성을 참고하여 뜻에 알맞은 낱말을 쓰세요.

(1) 연료가 탈 때 나오는 연기로 검은 가루가 섞여 있음. | ㅁ | ㅇ |

(2) 맑고 깨끗함. | ㅊ | ㅈ |

2. 빈칸에 알맞은 낱말을 보기에서 찾아 쓰세요.

보기: 천체 관측 업사이클 분리배출

(1) 낡은 티셔츠를 이용해 새로운 가방을 만드는 것을 (　　　　　　)이라고 해요.

(2) 이번 주말에는 천문대에 가서 (　　　　　　)을 할 거예요.

(3) 우리 아파트의 (　　　　　　) 시간은 저녁 8시~9시예요.

만화로 다시 보는 어휘

그림과 대화를 보고 빈칸에 알맞은 낱말을 쓰세요.

디지털 독해

푸른 하늘의 날 기념 사행시 짓기

푸 른 하 늘로 사행시를 지어 주세요.

자동차 대신 자전거를 타면 대기 오염을 줄일 수 있어요!
멋진 사행시를 쓴 친구들 중 20명에게
자전거를 선물로 드립니다.

◎**참여 기간:** 9월 1일~9월 7일
◎**참여 방법:** 본 게시물에 댓글로 사행시 남기기
◎**당첨자 발표:** 9월 11일

디지털 독해 확인

1\. 푸른 하늘의 날 기념 사행시 짓기의 선물은 무엇인가요?

( )

2\. 게시물의 내용으로 맞으면 ○, 틀리면 ×표 하세요.

(1) 사행시 짓기 행사에 참여하면 누구나 선물을 받을 수 있다. ……………( )
(2) 사행시를 쓴 후 이메일을 보내야 한다. ……………………………………( )
(3) 자전거를 타면 대기 오염을 줄이는 데 도움이 된다. ……………………( )
(4) 어떤 사행시가 뽑혔는지 알려면 한 달을 기다려야 한다. ………………( )

인문

추석 음력 8월 15일

추석은 우리나라의 가장 큰 명절 중 하나입니다. 한 해 동안 농사가 잘된 것에 감사하는 날이기 때문에 조상들은 추석을 더욱 특별하게 보냈습니다. 친척들이 모여 풍성한 수확을 나누고 재미있는 놀이를 하며 즐겁게 보냈지요.

추석은 '한가위'라고도 불립니다. 한가위는 순우리말로, '한'은 크다는 뜻이고 '가위'는 가운데라는 뜻입니다. '일 년 중 가장 큰 보름달이 뜨는 날' 또는 '8월의 한가운데 있는 큰 날'이라는 의미를 가지고 있습니다. 이 시기에는 곡식과 과일이 무르익고, 날씨는 맑고 선선해 살기 좋은 때입니다. 그래서 "더도 말고 덜도 말고 한가위만 같아라"라는 속담도 있습니다. 매일 추석처럼 잘 먹고 잘 살기를 바라는 것이지요.

추석날 아침에는 정성껏 음식을 차려 차례를 지냅니다. 차례가 끝난 뒤에는 조상의 묘를 찾아가 손질하고 살피는 성묘를 하지요. 추석에는 햇곡식과 햇과일로 음식을 차리고, 송편도 만들어 먹습니다. 송편은 콩, 깨, 밤 등을 넣어 만드는 반달 모양의 떡으로, 송편을 예쁘게 빚으면 예쁜 딸을 낳는다는 재미있는 이야기도 있습니다.

밤에는 보름달을 바라보며 가족의 건강을 빌고 마을 여자들은 모여서 강강술래를 합니다. 손을 맞잡고 둥글게 돌면서 노래를 부르는 것으로 풍요를 기원하는 놀이입니다. 시대가 바뀌면서 여러 풍습이 축소되거나 사라졌지만 추석은 여전히 가족 간의 사랑과 나눔을 되새기는 소중한 날입니다.

오늘의 어휘

- **풍성하다** 넉넉하고 많다.
- **무르익다** 과일이나 곡식이 충분히 익다.
- **묘** 사람의 무덤.
- **손질** 손을 대어 잘 매만지는 일.
- **햇** 그해에 새로 난.
- **축소** 모양이나 규모를 줄여서 작게 함.

핵심 내용

우리나라의 큰 명절 중 하나로 음력 8월 15일이며, 햇곡식과 햇과일로 음식을 만들어 차례를 지내는 날은 [　][　] 입니다.

독해 확인

1. 추석에 대한 설명으로 알맞지 않은 것은 무엇인가요?

① 추석이 지나면 한 살 더 먹는다.
② 아침에는 차례를 지낸다.
③ 밤에는 보름달을 보며 가족의 건강을 빈다.
④ 한가위는 추석을 뜻하는 순우리말이다.
⑤ 농사가 잘된 것에 감사한 마음을 갖는다.

2. "더도 말고 덜도 말고 한가위만 같아라"의 뜻은 무엇인가요?

① 한가위에는 무조건 많이 먹자는 뜻이다.
② 한가위에 할 수 있는 놀이가 제일 많다는 뜻이다.
③ 한가위처럼 풍성하고 좋은 날이 계속되길 바란다는 뜻이다.
④ 한가위에는 추운 날씨를 조심하라는 뜻이다.
⑤ 한가위에는 외출을 하면 위험하다는 뜻이다.

3. 추석에 하는 일로 알맞지 않은 것은 무엇인가요?

① 조상의 묘를 찾아가 살피는 성묘를 한다.
② 햇곡식으로 음식을 만든다.
③ 반달 모양의 떡을 만들어 먹는다.
④ 밤에는 마을 여자들이 모여 강강술래를 한다.
⑤ 창포물에 머리를 감으며 무더위를 식힌다.

4. 추석에 먹는 음식으로 콩, 깨, 밤 등을 넣어 만드는 반달 모양의 떡은 무엇인가요?

(　　　　　　　　　　)

어휘 확인

1. 뜻에 알맞은 낱말을 찾아 ○표 하세요.

(1) 넉넉하고 많다.

(2) 손을 대어 잘 매만지는 일.

(3) 과일이나 곡식이 충분히 익다.

친	배	우	풍
손	질	악	성
잡	궁	오	하
무	르	익	다

2. 빈칸에 알맞은 낱말을 보기 에서 찾아 쓰세요.

보기 묘 햇곡식 축소

(1) 작년에 돌아가신 할아버지의 ( )를 찾아가 꽃을 놓고 인사를 드렸어요.

(2) SNS에 올릴 사진이 너무 커서 작게 ( )했어요.

(3) 추석에는 ( )으로 음식을 만들어 차례를 지내요.

속담 하나 더!

옷은 시집올 때처럼,
음식은 ☐☐☐ 처럼

▶ 옷은 시집올 때 제일 아름답고, 음식은 한가위에 제일 풍성해요. 이때처럼 잘 입고, 잘 먹으면서 행복하기를 바란다는 뜻이에요.

디지털 독해

척척 요리사 블로그에 오신 것을 환영합니다

척척 요리사

안녕하세요.
어떤 요리든 척척!
척척 요리사입니다.

- 국/찌개
- 반찬
- 간식
- *명절 음식*
- 간편 요리

안녕하세요! 척척 요리사입니다.
오늘은 추석의 대표 음식인 송편을 만들어 볼게요.

★ 송편 만들기 재료 ★

쌀가루
깨소
콩소
솔잎 약간
따뜻한 물

★ 송편 만드는 순서 ★

1) 쌀가루에 따뜻한 물을 넣고 반죽해요.
2) 반죽을 조그맣게 떼어 동글동글 굴려요.
3) 가운데를 살짝 눌러 소를 넣고 반달 모양으로 빚어요.
4) 솔잎을 깐 찜통에 송편을 넣고 15분 정도 찌면 완성!
5) 찐 송편에 참기름을 살짝 바르면 더 맛있고 윤기가 나요.

볶은 깨와 설탕을 섞어 만든 깨소는 고소하고, 삶은 콩을 으깨서 만든 콩소는 담백해요.

송편을 직접 만들면 더 맛있고 기분도 좋아요.
여러분도 이번 추석에는 가족과 함께 송편을 만들어 보세요.

■ **소** 송편이나 만두를 만들 때, 속에 넣는 여러 가지 재료.

디지털 독해 확인

1. 송편을 만들기 위해 가장 먼저 할 일은 무엇인가요?

① 송편을 찐다.　② 쌀가루를 반죽한다.
③ 반달 모양으로 빚는다.　④ 참기름을 바른다.
⑤ 반죽에 소를 넣는다.

2. 빈칸에 알맞은 낱말을 쓰세요.

볶은 깨와 설탕을 섞어 만든 [ ][ ]를 넣으면 송편이 고소하다.

10월

국경일
기념일
명절
법정 공휴일
법정 기념일
세시 풍속
절기

일	월	화	수	목	금	토
				1 국군의 날	2 노인의 날	3 개천절
4 동물 보호의 날	5 세계 한인의 날	6	7	8 재향 군인의 날 한로	9 한글날	10 여성 어업인의 날 임산부의 날 정신 건강의 날 호스피스의 날
11 음9.1	12	13	14 세계 표준의 날	15 스포츠의 날 여성 농업인의 날	16 부마 민주 항쟁 기념일 세계 식량의 날	17 문화의 날
18	19	20	21 경찰의 날	22	23 상강	24 국제 연합일
25 음9.15 독도의 날	26	27 금융의 날	28 교정의 날	29 지방 자치 및 균형 발전의 날	30	31 회계의 날

10월에는 무슨 날이 있을까?

주제	시기	의미
국군의 날	10월 1일	국군의 중요성과 전투력을 알리고 군인의 사기를 높이는 날
노인의 날	10월 2일	노인을 공경하고 노인 문제에 대한 관심을 높이는 날
개천절	10월 3일	우리 민족 최초의 국가인 고조선의 건국을 기념하는 날로, 오랜 역사와 전통을 가진 문화 민족으로서의 자부심을 높이는 날
동물 보호의 날	10월 4일	동물 보호 및 복지에 대한 관심을 높이는 날
세계 한인의 날	10월 5일	세계 각지에 살고 있는 우리 민족의 정체성과 하나됨을 되새기는 날
재향 군인의 날	10월 8일	나라를 지키는 일의 중요성을 알고, 군대에서 일반 사회로 돌아온 재향 군인 간의 친목을 다지기 위한 날
한글날	10월 9일	한글을 창제하여 반포한 것을 기념하는 날로, 세종 대왕의 업적을 기리고 한글의 우수성과 독창성을 알리는 날
여성 어업인의 날	10월 10일	어업 현장에서 일하는 여성의 역할과 노력을 기리고 자부심을 높이는 날
임산부의 날	10월 10일	임신과 출산에 대한 긍정적인 인식을 통해 저출산을 극복하고, 임산부를 배려하고 보호하기 위한 날
정신 건강의 날	10월 10일	정신 건강의 중요성을 알리고 정신 질환에 대한 편견을 없애기 위한 날
스포츠의 날	10월 15일	건강하고 행복한 삶을 위해 스포츠 의식을 높이고 스포츠 활동을 권장하는 날
여성 농업인의 날	10월 15일	농업 현장에서 일하는 여성의 역할과 노력을 기리고 자부심을 높이는 날
부마 민주 항쟁 기념일	10월 16일	1979년, 부산과 마산에서 일어난 민주화 운동을 기념하고 그 정신을 계승하기 위한 날
문화의 날	10월 셋째 토요일	문화의 의의와 중요성을 알리고, 문화 예술을 발전시키기 위한 날
경찰의 날	10월 21일	경찰의 역사를 되새기고 민주 경찰의 사명감을 높이는 날
국제 연합일	10월 24일	전쟁 방지와 평화 유지를 위해 유엔(UN)이 만들어진 날을 기념하며 그 의미를 되새기는 날
금융의 날	10월 마지막 화요일	금융에 대한 이해를 높이고 금융의 역할과 책임을 되새기며, 관련 분야 종사자를 격려하는 날
교정의 날	10월 28일	교도소나 소년원 등에서 일하는 관련 분야 종사자의 사기를 높이고, 재소자의 건전한 사회 복귀 의지를 북돋우는 날
지방 자치 및 균형 발전의 날	10월 29일	지방 자치 및 균형 발전에 관한 관심을 높이고 그 성과를 알리는 날
회계의 날	10월 31일	회계 투명성의 가치와 중요성을 알리고 관련 분야 종사자의 활동을 장려하는 날

직업

국군의 날 10월 1일

국군의 날은 나라를 지키는 국군의 역할과 안보의 중요성을 널리 알리고, 군인의 사기를 높이기 위해 만들었습니다. 국군의 발전된 모습과 준비된 힘을 우리 국민과 전 세계에 보여 주어 자랑스럽고 든든한 존재임을 느끼게 하는 날입니다.

1950년 6·25 전쟁에서 북한군의 공격에 밀리던 우리 국군은 10월 1일에 38선을 돌파하는 데 성공했습니다. 이날은 우리 국군의 용기와 희생이 빛나는 날로, 지금까지도 많은 사람들에게 기억되고 있습니다. 이 뜻깊은 날을 기념하여 10월 1일을 국군의 날로 정하였습니다.

국군의 날에는 군인들이 거리를 행진하고, 전투기는 멋지게 하늘을 납니다. 국군은 늠름한 모습을 보여 줌으로써 국민들에게 믿음을 심어 줍니다. 또 군 장비 전시, 군악대 공연 등의 행사도 있어서 국군과 국민이 함께 어울릴 수 있습니다.

국군은 우리나라의 모든 곳을 지킵니다. 육군은 땅에서, 해군은 바다에서, 공군은 하늘에서 대한민국을 지킵니다. 우리가 대표적으로 떠올리는 전투병 외에도 군인이 규칙을 지키도록 돕는 군사 경찰, 다친 군인을 돌보는 간호 장교, 군용차를 운전하는 운전병, 군인을 위해 음식을 만드는 취사병 등 군인의 역할은 다양합니다. 군인은 나라를 지키는 아주 중요한 직업입니다. 우리가 평화롭게 살 수 있도록 애쓰는 국군에 항상 고마운 마음을 가져야 합니다.

오늘의 어휘

- **국군** 적으로부터 나라를 보호하기 위하여 만든 군대.
- **사기** 무엇을 하고자 하는 자신감 있는 마음.
- **38선** 한반도의 중앙을 가로지르는 선으로, 남한과 북한을 나누는 경계선으로 사용됨.
- **돌파** 부딪쳐 싸워서 뚫고 나아감.
- **뜻깊다** 가치나 중요성이 크다.
- **늠름하다** 생김새나 태도가 의젓하고 당당하다.
- **군악대** 군대에서 쓰는 음악을 연주하기 위해 구성한 부대.
- **군용차** 군대, 전쟁 등에서 사용하는 자동차나 열차.

핵심 내용

[ ][ ]의 날은 나라를 지키는 [ ][ ]의 역할과 안보의 중요성을 알리고, 군인의 사기를 높이기 위한 날입니다.

독해 확인

1. 국군의 날에 대한 설명으로 알맞은 것은 무엇인가요?

① 육군, 공군, 해군 중 누가 제일 강한지 겨루는 날이다.
② 우리 국군이 북한군과 함께 훈련하는 날이다.
③ 국군이 처음으로 외국 전쟁에 참가한 날이다.
④ 6·25 전쟁 중에 우리 국군이 38선을 넘어선 날을 기념하여 정했다.
⑤ 국군이 평화를 위해 무기를 버린 날이다.

2. 국군의 날 행사에 대한 설명으로 알맞지 않은 것은 무엇인가요?

① 군인들이 거리를 행진한다.
② 전투기가 하늘을 난다.
③ 군인들이 아픈 국민을 찾아가서 돌본다.
④ 국군과 국민이 함께 어울린다.
⑤ 군악대가 공연을 한다.

3. 군인과 군인의 역할을 알맞게 연결하세요.

취사병 •	• 다친 군인을 돌본다.
운전병 •	• 군인을 위해 음식을 만든다.
간호 장교 •	• 군용차를 운전한다.
군사 경찰 •	• 군인이 규칙을 지키도록 돕는다.

어휘 확인

1. 빈칸에 알맞은 낱말을 보기 에서 찾아 쓰세요.

보기	사기	국군	돌파

(1) 선생님이 우리 반 친구들에게 "자신감을 가지고 끝까지 최선을 다해 봅시다!"라고 말하며 (　　　　)를 높여 주셨어요.

(2) 축구 시합에서 내가 멋지게 (　　　　)하자, 상대편 선수들은 당황했어요.

(3) 추운 날씨에도 (　　　　)은 우리나라를 안전하게 지키고 있어요.

2. 낱말과 낱말의 뜻을 알맞게 연결하세요.

뜻깊다 •		• 생김새나 태도가 의젓하고 당당하다.
늠름하다 •		• 가치나 중요성이 크다.
38선 •		• 남한과 북한을 나누는 경계선.

칙칙폭폭 끝말잇기 기차

디지털 독해

육군이 되어 자신의 특기를 살려 보세요!

자신의 특기를 살려 군대에서 특별한 일을 하고 싶은 사람은 특기병을 신청할 수 있습니다.
특기병이 되고 싶은 사람은 병무청 누리집에서 모집 계획을 확인한 뒤, 신청서를 접수하세요.

모집 분야	모집 인원	입영 예정일	접수 기간
러시아어 어학병	8명	26년 11월	26.07.30 ~ 26.08.04
중국어 어학병	11명	26년 11월	
그래픽 디자이너병	5명	26년 12월	
정보 보호병	24명	26년 12월	

■ **병무청** 군인이나 군대와 관련된 업무를 하는 기관. ■ **입영** 군대에 들어가 군인이 됨.

디지털 독해 확인

1. 육군 특기병 모집 계획에 대한 설명으로 알맞지 않은 것은 무엇인가요?
   ① 중국어 어학병은 11명 모집하고 있다.
   ② 모든 특기병은 2026년 11월에 입영 예정이다.
   ③ 정보 보호병을 모집하는 인원이 가장 많다.
   ④ 영어 어학병은 이번에 모집하지 않는다.
   ⑤ 그래픽 디자인이 특기인 사람은 특기병으로 신청할 수 있다.

2. 특기병이 되려면 어디에서 모집 계획을 확인해야 하나요?
   (   )

역사

개천절 10월 3일

'개천'은 한자로 '열 개(開)'와 '하늘 천(天)'을 써서, '하늘이 열렸다'는 뜻입니다. 하늘이 열렸다는 말은 새로운 나라가 시작되었다는 뜻이지요. 개천절은 우리 민족 최초의 국가인 고조선의 건국을 기념하는 날입니다.

단군 신화에 따르면 옛날 하늘나라에 하늘 신의 아들인 환웅이 살았습니다. 환웅은 인간 세상을 다스리고 싶어 땅으로 내려왔지요. 어느 날, 호랑이와 곰이 인간이 되고 싶다며 찾아왔습니다. 환웅은 쑥과 마늘을 먹으며 100일 동안 햇빛을 보지 말라고 했습니다. 호랑이는 중간에 포기했지만, 곰은 끝까지 버텨 마침내 인간이 되었답니다.

곰에서 인간이 된 웅녀와 환웅 사이에서 태어난 아이가 바로 단군입니다. 단군은 성장하여 고조선을 세웠고 '홍익인간', 즉 '널리 인간을 이롭게 한다'는 마음으로 나라를 다스렸습니다. 우리 민족은 단군을 시조로 여기고, 고조선 건국을 우리 민족의 역사가 시작된 지점으로 생각했습니다.

예로부터 개천절에는 나라의 평화와 백성의 안녕을 빌며 하늘에 제사를 지내는 제천 행사가 열렸습니다. 가정에서는 국기를 게양하고, 각 지역에서는 개천절 노래 제창, 만세 삼창, 전통 악기 공연 등 다양한 기념 행사가 열립니다. 개천절날 우리는 민족의 뿌리와 홍익인간 정신을 되새기고, 우리 민족의 역사에 자부심을 느낄 수 있습니다.

오늘의 어휘

- **신화** 세상, 나라, 문화 등의 유래에 관한 신비로운 이야기.
- **이롭다** 이익이 있다.
- **시조** 한 민족이나 집안의 맨 첫 번째 조상.
- **안녕** 아무 탈 없이 편안함.
- **제천** 하늘에 제사를 지냄.
- **제창** 여러 사람이 다 같이 노래함.
- **삼창** 세 번 부름.

핵심 내용

개천절은 우리 민족 최초의 국가인 [ ][ ][ ] 건국을 기념하는 날입니다.

독해 확인

1. 단군 신화에 대한 설명으로 알맞은 것은 무엇인가요?
   ① 호랑이는 쑥과 마늘을 먹고 끝까지 참아 인간이 되었다.
   ② 환웅은 인간 중에 가장 위대한 인간이었다.
   ③ 곰은 인간이 되기 위해 환웅의 말을 따랐다.
   ④ 단군은 하늘에서 내려와 고조선을 세웠다.
   ⑤ 단군 신화는 미국에서 전해 온 이야기다.

2. 단군이 한 일로 알맞은 것은 무엇인가요?
   ① 하늘과 땅을 만들었다.
   ② 홍익인간 정신으로 나라를 다스렸다.
   ③ 인간에게 쑥과 마늘을 먹였다.
   ④ 모든 산과 강의 이름을 지었다.
   ⑤ 신라를 세웠다.

3. 개천절에 하는 일로 알맞은 것은 무엇인가요?
   ① 한복을 입고 친척 어른에게 세배를 드린다.
   ② 바다의 신에게 제사를 지낸다.
   ③ 국기를 게양한다.
   ④ 보름달 아래서 강강술래를 한다.
   ⑤ 더위를 준비하며 부채를 만든다.

4. '널리 인간을 이롭게 한다'는 뜻으로 단군이 나라를 다스릴 때 가장 중요하게 생각한 정신은 무엇인가요?

   (   )

어휘 확인

1. 뜻에 알맞은 낱말을 골라 ○표 하세요.

(1) 이익이 있다. (새롭다 | 이롭다)

(2) 아무 탈 없이 편안함. (안녕 | 안내)

(3) 세상, 나라, 문화 등의 유래에 관한 신비로운 이야기. (영화 | 신화)

2. 빈칸에 알맞은 낱말을 보기에서 찾아 쓰세요.

보기: 제천 제창 시조

(1) 졸업식에서 학생들과 선생님이 교가를 (   )했어요.

(2) 옛날 사람들은 하늘에 감사하는 마음으로 (   )행사를 열었어요.

(3) 고구려의 (   )인 주몽은 활쏘기를 잘했어요.

생활 속 낱말 활용

그림을 보고 빈칸에 공통으로 들어갈 낱말을 쓰세요.

그리스 로마 ☐☐

단군 ☐☐

주몽 ☐☐

디지털 독해

AI 챗봇

개천절에도 태극기를 다는 거야?

네, 맞아요. 개천절에는 태극기를 달아야 합니다.

개천절 말고 또 태극기를 다는 날은 언제야?

3·1절, 현충일, 제헌절, 광복절, 국군의 날, 한글날에 태극기를 게양합니다.

몇 시에 달았다가 몇 시에 내리는 거야?

보통 아침 7시에 달고, 해가 지는 저녁 5시나 6시에 내립니다. 하지만 날씨나 상황에 따라 달라질 수 있어요.

비가 와도 달아야 해?

심한 비나 강한 바람으로 태극기가 망가질 것 같으면 달지 않습니다.

태극기가 더러워지면 어떻게 해?

때가 묻거나 구겨진 경우에는 태극기가 망가지지 않도록 조심히 세탁하거나 다려서 다시 사용할 수 있어요.

디지털 독해 확인

1. 개천절 외에 태극기를 다는 날을 한 가지 쓰세요.

( )

2. 대화를 보고 내용을 알맞게 말한 사람은 누구인가요?

① 수호: 비가 많이 와도 무조건 태극기를 달아야 해.
② 민수: 개천절에는 태극기를 달지 않아도 돼.
③ 수아: 태극기가 더러워지면 깨끗이 세탁하거나 다려서 다시 사용해.
④ 지민: 태극기는 아무 때나 달고 아무 때나 내려도 돼.
⑤ 현우: 태극기를 다는 날은 내가 마음대로 결정하면 돼.

한글날

10월 9일

한글날은 한글을 창제하여 반포한 것을 기념하고, 한글의 우수성을 기리기 위해 만든 날입니다. 한글날이 처음 생긴 것은 1926년, 일제 강점기로 나라를 빼앗겼을 때였습니다. 당시에 한글을 연구하던 조선어 연구회에서는 우리의 민족정신을 되살리기 위해 한글날을 만들어 기념했습니다.

옛날 우리 조상들은 우리말을 사용했지만, 그것을 적을 글자가 없었답니다. 그래서 중국의 한자를 빌려 쓰느라 불편했지요. 세종 대왕은 백성들이 쉽게 글을 읽고 쓸 수 있도록 훈민정음을 만들었습니다. 훈민정음은 '백성을 가르치는 바른 소리'라는 뜻으로 오늘날의 한글입니다. 훈민정음을 만든 과정과 원리를 담은 책인 ≪훈민정음≫은 유네스코 세계 기록 유산으로 등재되었습니다.

한글날이 있는 주간에는 세계 여러 나라 사람들이 함께 즐기는 문화 축제가 열립니다. 한글을 주제로 한 뮤지컬, 인형극, 한글 패션쇼를 볼 수 있고, 한글 겨루기 행사에 참가할 수 있습니다. 또한 국립 한글 박물관에서는 아름다운 글씨 따라 쓰기, 붓글씨 체험, 한글 보드게임 같은 재미있는 활동을 할 수 있지요.

한글은 원리가 독창적이고 과학적인 문자입니다. 한글이 있어서 우리 고유의 지식과 문화를 온전히 나누고 발전시킬 수 있습니다. 한글날은 한글의 위대함과 고마움을 새기며 한글을 바르게 지켜 나가자는 약속을 다지는 날입니다.

오늘의 어휘

- **반포** 세상에 널리 퍼뜨려 모두 알게 함.
- **우수성** 여럿 가운데 뛰어난 특성.
- **민족정신** 한 민족이 공유하는 생각이나 마음가짐.
- **원리** 어떤 것이 움직이거나 작동하는 기본적인 방법이나 이유.
- **유네스코(UNESCO)** 교육, 과학, 문화를 통해 국제 협력을 돕는 단체.
- **세계 기록 유산** 유네스코가 선정한 가치 있고, 귀중한 기록 유산.
- **등재** 중요한 내용을 특별한 기록에 올림.
- **고유** 본래부터 가지고 있는 특별한 것.

핵심 내용

한글을 창제하여 반포한 것을 기념하고, 한글의 우수성을 기리기 위해 만든 날은 [ ][ ][ ]입니다.

독해 확인

1. 한글날이 만들어진 이유는 무엇인가요?

① 외국 친구들을 초대하기 위해서
② 세종 대왕의 탄신일을 축하하기 위해서
③ 한국 음식을 세계에 알리기 위해서
④ 한글을 만든 것을 기념하기 위해서
⑤ 글씨를 예쁘게 쓰기 위해서

2. 훈민정음의 뜻으로 알맞은 것은 무엇인가요?

① 하늘의 소리
② 백성을 가르치는 바른 소리
③ 아름다운 노래
④ 왕이 빠르게 말하는 소리
⑤ 모든 동물의 소리

3. 한글날이 있는 주간에 열리는 행사가 아닌 것은 무엇인가요?

① 붓글씨 체험
② 아름다운 글씨 따라 쓰기
③ 한글 보드게임
④ 로켓 만들기 체험
⑤ 한글 패션쇼

4. 빈칸에 알맞은 낱말을 쓰세요.

≪훈민정음≫ 책은 훈민정음을 만든 과정과 원리를 담은 것으로, 유네스코가 지정한 [ ][ ] [ ][ ] [ ][ ]으로 등재되어 위대한 유산으로 인정받고 있어요.

어휘 확인

1. 뜻에 알맞은 낱말을 찾아 ○표 하세요.

(1) 어떤 것이 움직이거나 작동하는 기본적인 방법이나 이유.

(2) 중요한 내용을 특별한 기록에 올림.

(3) 본래부터 가지고 있는 특별한 것.

차	학	소	원
등	주	간	리
재	중	미	교
량	장	고	유

2. 낱말과 낱말의 뜻을 알맞게 연결하세요.

우수성 •	• 여럿 가운데 뛰어난 특성.
세계 기록 유산 •	• 유네스코가 선정한 가치 있고, 귀중한 기록 유산.
민족정신 •	• 한 민족이 공유하는 생각이나 마음가짐.

알쏭달쏭 낱말 퍼즐

가로 열쇠

❷ '백성을 가르치는 바른 소리'라는 뜻으로 백성들이 쉽게 글을 읽고 쓸 수 있도록 세종 대왕이 만든 글자.

세로 열쇠

❶ 앞으로의 행동이나 생활에 도움이 될 만한 것을 가르침.

❸ 한 민족이 공유하는 생각이나 마음가짐.

❹ 친구 사이의 정.

❺ 목소리나 악기로 생각과 감정을 나타내는 예술.

디지털 독해

초등학생 손 글씨 공모전

글씨를 바르게 쓰며 한글의 아름다움을 느껴요!

◎**참여 대상:** 초등학생 누구나
◎**공모 내용:** 한글의 아름다움을 느낄 수 있는 손 글씨
◎**참여 방법:** 손 글씨, 신청서, 개인 정보 수집·이용 동의서 작성 후 우편 발송
◎**보내는 곳:** (우편 번호 012345) 서울특별시 한글구 세종대왕로 1009,
손 글씨 공모전 담당자 앞

◎**일정**
- 접수 기간: 10월 2일~10월 9일
- 심사 발표: 10월 15일(목) 오후 3시(심사 결과 공지 및 개별 통보)

◎**시상 내역**

구분	작품 수	상품
최우수상	각 학년별 1명	도서 상품권 각 20만 원
우수상	각 학년별 2명	도서 상품권 각 10만 원
장려상	각 학년별 3명	도서 상품권 각 5만 원

■ **발송** 물건, 편지 등을 우편이나 운송 수단을 통해 보냄.

디지털 독해 확인

1. 손 글씨 공모전에 참여할 수 있는 사람은 누구인가요?
( )

2. 손 글씨 공모전에 대한 설명으로 알맞지 않은 것은 무엇인가요?
① 손 글씨는 한글의 아름다움이 느껴져야 한다.
② 손 글씨는 우편으로 보내야 한다.
③ 심사 발표는 10월 9일에 한다.
④ 개인 정보 수집·이용 동의서를 함께 보내야 한다.
⑤ 최우수상은 각 학년별 1명에게 주어진다.

예술

스포츠의 날

10월 15일

스포츠의 날은 국민이 스포츠의 가치와 중요성을 알고 적극적으로 참여하게 하기 위해 만들었습니다. 스포츠를 통해 국민의 건강한 삶과 건전한 여가 시간 활용을 장려하며, 더 나아가 스포츠 의식을 북돋아 건강하고 공정한 사회를 만들기 위해 정한 날이지요.

스포츠는 우리 몸을 튼튼하게 해 줄 뿐 아니라 마음도 건강하게 해 줍니다. 땀을 흘리며 움직이면 기분이 좋아지고 스트레스가 줄어듭니다. 친구들과 함께 팀을 이루어 운동하면 협동심과 배려심을 기를 수 있지요. 또한 목표를 가지고 규칙적으로 운동을 하면 집중력과 인내심도 기를 수 있답니다. 이렇게 스포츠에 적극적으로 참여하면서 생기는 태도와 마음가짐을 스포츠 의식이라고 합니다.

스포츠의 날에는 여러 기관에서 스포츠 행사를 진행합니다. 달리기, 탁구, 배드민턴 등의 대회를 열고, 학교에서는 가을 운동회를 하지요. 또한 스포츠에 관한 전시회 및 강연회를 열고 스포츠 발전에 공로가 있는 사람에게 포상을 합니다.

스포츠는 단순한 운동 경기를 넘어서 예술적인 체험이 되기도 합니다. 음악에 맞춰 몸을 움직이는 리듬 체조나 피겨 스케이팅을 보면 아름다움을 느낄 수 있습니다. 태권도 시범처럼 질서 있는 동작은 예술 공연 같은 감동을 주지요. 스포츠의 날은 건강한 몸과 마음은 물론, 풍부한 감성을 함께 기르는 날입니다.

오늘의 어휘

- **스포츠** 건강한 신체와 정신을 기르기 위해 하는 신체 활동.
- **건전하다** 정상적이며 건강하고 올바르다.
- **여가** 일이 없어 남는 시간.
- **장려** 좋은 일에 힘쓰도록 기운을 북돋움.
- **강연회** 일정한 주제에 대하여 설명하고 가르치는 모임.
- **공로** 일을 마치거나 목적을 이루는 데 들인 노력과 수고.
- **리듬 체조** 리본, 공, 훌라후프 등 작은 도구를 들고 음악에 맞추어 연기하는 체조 경기.
- **피겨 스케이팅** 얼음판에서 여러 가지 동작을 하여 기술의 정확성과 예술성을 겨루는 스케이트 종목.

핵심 내용

[ ][ ][ ]의 날은 [ ][ ][ ]의 가치와 중요성을 알고 국민이 적극적으로 참여하게 하기 위한 날입니다.

독해 확인

1. 스포츠의 좋은 점으로 알맞지 않은 것은 무엇인가요?

① 몸을 튼튼하게 해 준다.
② 기분이 좋아지게 해 준다.
③ 스트레스를 줄여 준다.
④ 집중력과 인내심을 키워 준다.
⑤ 숙제를 대신해 준다.

2. 스포츠의 날에 하는 활동으로 알맞지 않은 것은 무엇인가요?

① 운동회 ② 달리기 대회 ③ 체육 전시회
④ 그림 실력 겨루기 ⑤ 탁구 경기

3. 스포츠가 예술과 관련 있는 이유로 알맞은 것은 무엇인가요?

① 스포츠를 하면 시험을 잘 볼 수 있기 때문이다.
② 스포츠는 친구들과 경쟁하는 일이기 때문이다.
③ 스포츠는 움직임이 없는 활동이기 때문이다.
④ 스포츠는 예술 공연 같은 감동을 주기 때문이다.
⑤ 스포츠는 혼자서만 즐길 수 있기 때문이다.

4. 빈칸에 알맞은 낱말을 쓰세요.

스포츠에 적극적으로 참여하면서 생기는 태도와 마음가짐을 [ ][ ][ ] [ ][ ]이라고 합니다.

어휘 확인

1. 초성을 참고하여 뜻에 알맞은 낱말을 쓰세요.

(1) 좋은 일에 힘쓰도록 기운을 북돋움. | ㅈ | ㄹ |

(2) 건강한 신체와 정신을 기르기 위해 하는 신체 활동. | ㅅ | ㅍ | ㅊ |

2. 빈칸에 알맞은 낱말을 보기 에서 찾아 쓰세요.

보기 여가 공로 강연회

(1) 나는 (　　　　　) 시간에 도서관에 가서 책을 읽어요.

(2) 훌륭한 과학 선생님의 (　　　　　)에 가기 위해 일주일 전에 어렵게 예약했어요

(3) 언니는 방송반에서 열심히 활동한 (　　　　　)를 인정받아 졸업식에서 상을 받았어요.

포함하는 말

그림과 포함하는 말을 보고, 빈칸에 알맞은 낱말을 쓰세요.

스포츠

(　　　　　)

리듬 체조

(　　　　　)

피겨 스케이팅

디지털 독해

계림 어린이 스포츠

초등학생이 가장 많이 하는 스포츠				
태권도 40%	줄넘기 10%	축구 8%	수영 5%	기타 37%

초등학생이 가장 배우고 싶은 스포츠				
펜싱 43%	양궁 22%	피겨 스케이팅 13%	컬링 12%	기타 10%

일주일 동안의 스포츠 시간	
10%	5시간 이상
90%	5시간 미만

디지털 독해 확인

1. 초등학생이 가장 배우고 싶어 하는 스포츠는 무엇인가요?

( )

2. 표를 보고 알 수 있는 내용은 무엇인가요?

① 초등학생이 스포츠를 하는 이유
② 초등학생의 하루 평균 스포츠 시간
③ 초등학생이 세 번째로 배우고 싶은 스포츠 종목
④ 배울 때 가장 힘든 스포츠 종목
⑤ 스포츠를 해서 좋은 점

인문

문화의 날

10월 셋째 토요일

문화의 날은 문화 예술에 대한 이해와 참여를 높이기 위해 만들었습니다. 방송, 잡지, 영화 등 대중 매체의 중요성을 되새기고, 우리나라의 문화와 예술을 더 발전시키기 위한 날이지요. 문화의 날을 기념하여 정부는 문화 발전에 기여한 사람에게 상을 주고 연극, 무용 등의 공연과 문화 관련 강연회를 엽니다.

문화 예술이 발전하면 우리나라의 문화 경쟁력이 높아집니다. 한식, 한글, 전통 무용이 세계에 소개되면서 우리 문화에 대한 관심이 커졌고, 이를 계기로 우리나라를 방문하는 외국인 관광객 수가 늘어났습니다. 또한 드라마, 영화, 대중가요 같은 콘텐츠의 수출이 활발해지면서 우리나라의 경제에도 큰 도움이 되었지요.

문화의 날과 비슷한 이름을 가진 날이 하나 더 있습니다. 바로 매달 마지막 주 수요일인 '문화가 있는 날'입니다. 일상에서 문화를 쉽게 접할 수 있도록 다양한 혜택을 제공하는 날로, 이날은 영화관, 미술관 등을 할인된 가격에 이용할 수 있습니다. 문화의 날과 문화가 있는 날은 날짜와 방식은 다르지만 국민이 문화에 관심을 가지게 한다는 목표는 같습니다.

문화 예술의 지속적인 발전은 우리 사회가 더 창의적이고 활기찬 방향으로 성장하게 만듭니다. 새로운 공연, 전시, 영화가 꾸준히 만들어지면 사람들은 폭넓은 생각과 경험을 하게 됩니다. 문화에 더욱 관심을 갖고, 다양한 문화 예술을 즐기며 우리나라의 문화를 널리 알리려는 노력이 필요합니다.

오늘의 어휘

- **문화 예술** 음악, 예술, 공연 등의 문화 활동과 관계된 예술.
- **대중 매체** 신문, 잡지, 영화, 텔레비전과 같이 많은 사람들에게 정보를 전달하는 도구.
- **기여** 도움이 되도록 힘씀.
- **경쟁력** 상대를 이길 수 있는 힘.
- **콘텐츠** 방송, 인터넷 등을 통해 제공되는 각종 정보나 그 내용물.
- **할인** 정한 값에서 얼마를 뺌.

핵심 내용

문화의 날은 [ ][ ] [ ][ ]에 대한 이해와 참여를 높이고,
우리나라의 문화를 더 발전시키기 위한 날입니다.

독해 확인

1. 문화의 날에 하는 일로 알맞은 것은 무엇인가요?

① 아침에 차례를 지낸다.
② 문화 발전에 기여한 사람에게 상을 준다.
③ 운동 경기를 열어 우승자를 뽑는다.
④ 독립운동가들이 갇혔던 감옥을 체험한다.
⑤ 아침 일찍 국기를 게양한다.

2. 문화가 있는 날에 대한 설명으로 알맞지 않은 것은 무엇인가요?

① 문화가 있는 날은 매달 마지막 주 수요일이다.
② 영화관, 미술관을 할인된 가격에 이용할 수 있다.
③ 문화가 있는 날과 문화의 날은 날짜가 같다.
④ 사람들이 문화를 쉽게 접할 수 있도록 문화 혜택을 제공한다.
⑤ 문화의 날과 문화가 있는 날은 모두 국민이 문화에 관심을 가지게 하려는 뜻이 있다.

3. 우리 문화가 발전해서 생기는 영향이 아닌 것은 무엇인가요?

① 외국 사람들이 한국을 더 잘 이해하게 된다.
② 관광객이 늘어난다.
③ 우리 경제에 도움이 된다.
④ 사람들이 더 폭넓은 생각을 하게 된다.
⑤ 쓰레기가 줄어든다.

4. 문화의 날은 언제인가요?

(　　　　　　　　　　)

어휘 확인

1. 뜻에 알맞은 낱말을 찾아 ○표 하세요.

(1) 도움이 되도록 힘씀.

(2) 방송, 인터넷 등을 통해 제공되는 각종 정보나 그 내용물.

(3) 정한 값에서 얼마를 뺌.

기	여	문	혜
예	잡	콘	탁
할	곡	텐	견
인	술	츠	학

2. 빈칸에 알맞은 낱말을 보기에서 찾아 쓰세요.

보기: 대중 매체 / 경쟁력 / 문화 예술

(1) 우리나라 문화의 (　　　　　)을 높이기 위해서는 우리가 더 관심을 가져야 해요.

(2) (　　　　　　　　)를 통해 전달되는 정보를 무조건 믿어서는 안 돼요.

(3) (　　　　　　　　)이 발전하면 우리나라를 방문하는 외국인 관광객이 더 늘어날 거예요.

뜻이 다른 반대말

주어진 낱말의 반대말을 찾아 ○표 하세요.

높다 ………… 낮다 / 많다 / 깊다

할인 ………… 인하 / 무료 / 할증

늘어나다 ………… 줄어들다 / 많아지다 / 커지다

디지털 독해

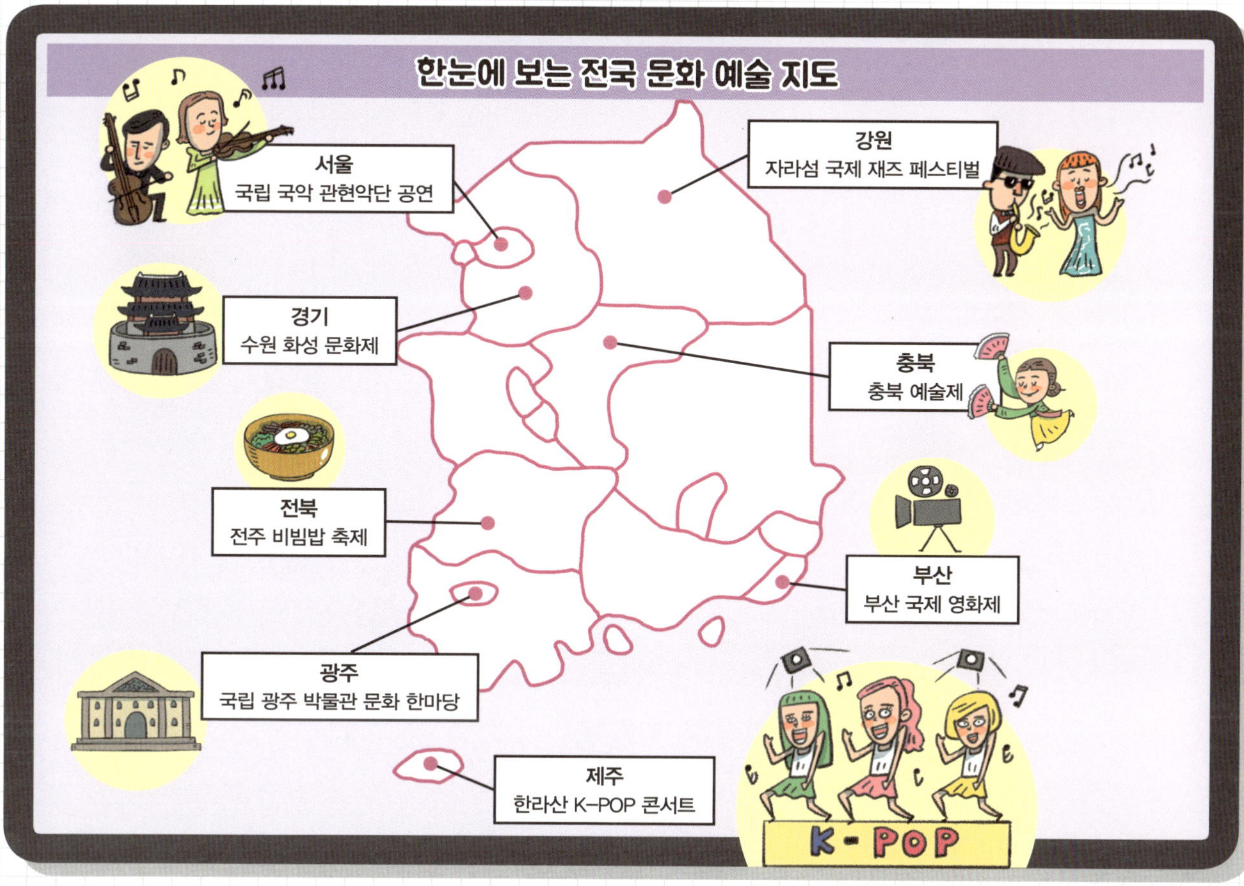

디지털 독해 확인

1. 지도의 내용으로 알맞지 않은 것은 무엇인가요?

① 경기 수원에서는 화성 문화제가 열린다.
② 국제 영화제는 부산에서 즐길 수 있다.
③ 국립 광주 박물관에서는 문화 한마당이 열린다.
④ 국립 국악 관현악단이 공연하는 곳은 서울이다.
⑤ 제주 한라산에서는 재즈 페스티벌이 열린다.

2. 충북에서 열리는 축제의 이름은 무엇인가요?

(　　　　　　　　　　　　　　　　)

사회

지방 자치 및 균형 발전의 날

10월 29일

우리나라는 **수도권**에 인구, 기업, 교육 기관 등이 집중되어 있습니다. 반면 수도권 외의 **지방**은 인구가 점점 줄고 있으며 젊은 사람들이 지방을 떠나면서 학교가 줄어들고, 병원이나 문화 시설이 부족한 곳도 많습니다. 이로 인해 일자리가 줄고 지역 **경제**도 어려워지고 있지요.

지방 자치 및 **균형** 발전의 날은 우리나라 모든 지역을 골고루 잘 살게 하기 위해서 만들었습니다. 지방 자치는 각 지역의 일을 그 지역 사람들이 스스로 결정하고 운영하는 것입니다. 지역의 아주 작은 문제들까지 지역 사정에 맞게 **자치적**으로 처리할 수 있어서 '**풀뿌리 민주주의**'라고도 부르지요. 균형 발전이란 한 곳만 치우쳐서 발전하지 않고, 모든 지역이 골고루 발전하는 것입니다. 우리나라의 어느 지역에 살든지 차별 없는 삶을 누리도록 하는 게 목표입니다.

이날에는 지방 자치와 균형 발전을 위해 힘쓴 사람들에게 상을 주고, 각 지역에서는 축제나 행사를 열기도 합니다. 지역 주민들이 모여서 지역의 **강점**과 **보완**해야 할 점에 대해 의견을 나누기도 하지요.

주민이 직접 참여하는 지방 자치를 통해 균형 발전을 이루면 우리나라 어디에서나 공평한 기회를 누릴 수 있게 됩니다. 우리도 내가 살고 있는 지역을 아끼고 문제를 고민하며 관심을 가져야 합니다. 더 살기 좋고, 행복한 나라를 만들기 위해서는 모두의 관심과 노력이 필요합니다.

오늘의 어휘

- **수도권** 서울을 중심으로 가까운 큰 도시들이 모여 있는 곳.
- **지방** 서울을 제외한 다른 지역.
- **경제** 사람들이 물건을 만들고, 사고팔고, 나누는 활동.
- **균형** 어느 한쪽으로 기울거나 치우치지 않은 상태.
- **자치적** 자기 일을 스스로 하는 것.
- **풀뿌리 민주주의** 주민이 정치에 직접 참여하는 민주주의.
- **강점** 남보다 뛰어난 점.
- **보완** 모자라거나 부족한 점을 보충하여 완전하게 함.

핵심 내용

10월 29일은 우리나라가 골고루 잘 살도록 노력하자는 뜻을 담은
□□ □□ 및 □□ □□의 날입니다.

독해 확인

1. 우리나라의 상황에 대한 설명으로 알맞은 것은 무엇인가요?

① 수도권 외의 지방에는 학교와 병원이 많다.
② 젊은 사람들이 수도권을 떠나 지방으로 가고 있다.
③ 서울에는 사람들이 즐길 문화 시설이 부족하다.
④ 수도권에 기업이 집중되어 있다.
⑤ 수도권 외의 지방은 일자리가 늘어나고 있다.

2. 지방 자치 및 균형 발전의 날에 하는 일이 아닌 것은 무엇인가요?

① 지역 축제를 연다.
② 우리 지역의 고쳐야 할 점을 의논한다.
③ 서울로 소풍을 간다.
④ 지방 자치 및 균형 발전을 위해 애쓴 사람에게 상을 준다.
⑤ 지역의 강점을 찾고 널리 알릴 방법을 의논한다.

3. 지방 자치 및 균형 발전의 날이 생긴 가장 큰 이유는 무엇인가요?

① 수도권을 더 크게 만들기 위해서
② 겨울철 행사를 만들기 위해서
③ 지방의 축제를 재미있게 알리기 위해서
④ 서울을 더 발전시키기 위해서
⑤ 모든 지역을 골고루 잘 살게 하기 위해서

4. 지방 자치는 각 지역의 문제를 주민이 자치적으로 해결할 수 있어서 무엇이라고도 부르나요?

( )

어휘 확인

1. 빈칸에 알맞은 낱말을 보기 에서 찾아 쓰세요.

보기 강점 보완 경제

(1) 돈을 버는 것 뿐만이 아니라 쓰는 것도 (   ) 활동이에요.

(2) 탁구 경기에서 이기기 위해 상대 선수의 (   )이 무엇인지 찾아봤어요.

(3) 약한 체력을 (   )하기 위해 운동을 시작했어요.

2. 낱말과 낱말의 뜻을 알맞게 연결하세요.

수도권 •		• 서울을 제외한 다른 지역.
지방 •		• 서울을 중심으로 가까운 큰 도시들이 모여 있는 곳.
자치적 •		• 자기 일을 스스로 하는 것.

아하! 틀리기 쉬운 말

아래 두 문장 중 낱말이 바르게 쓰인 문장에 ○표 하세요.

선생님께서 말씀하신 문제점을 보완하기 위해 최선을 다했어요. ············ (   )

선생님께서 말씀하신 문제점을 보안하기 위해 최선을 다했어요. ············ (   )

보완

모자라거나 부족한 점을 보충하여 완전하게 함.

보안

안전을 유지함.

▶ '보완'과 '보안'은 비슷하게 생겼지만 뜻은 완전히 다르답니다.

[예] 보안: 이것은 아주 중요한 정보라, 보안을 철저하게 유지해야 해요.

디지털 독해

민재랑 지유랑

얘들아! 이번 주말에 뭐해?

우리 가족은 대전으로 여행 가! 대전은 유명한 빵의 도시잖아~

대전은 왜 빵의 도시로 유명해진 거야?

6·25 전쟁 때 대전에 밀가루 창고가 있어서 빵집이 많았대! 그래서 지금도 맛있는 빵집이 많다고 해.

오! 이야기를 들으니까 대전에 가 보고 싶은걸!

우리 엄마는 커피를 좋아하셔서, 이번 주말에는 강릉 커피 축제에 가기로 했어.

그렇구나! 예전에 강릉에 가서 먹었던 옥수수 아이스크림 정말 맛있었는데……. 또 먹고 싶다.

나도 가고 싶다. 이렇게 지방의 특별한 음식들이 알려지면서 지방에 갈 일이 많아져서 정말 좋아!

디지털 독해 확인

1. 대화를 보고 강릉의 특별한 음식 두 개를 찾아 쓰세요.

□□, □□□ □□□□□

2. 대전이 빵의 도시로 유명해진 이유로 알맞은 것은 무엇인가요?

① 성당에서 빵을 나눠 줘서
② 6·25 전쟁 때 밀가루 창고가 있었어서
③ 빵값이 싸서
④ 배달이 잘되어서
⑤ 빵집 사장님이 직접 다 만들어서

11월

국경일
기념일
명절
법정 공휴일
법정 기념일
세시 풍속
절기

일	월	화	수	목	금	토
1 손상 예방의 날 임업인의 날	2 수소의 날	3 학생 독립운동 기념일	4 한글 점자의 날	5 소상공인의 날	6	7 입동
8	9 음10.1 소방의 날	10	11 농업인의 날 보행자의 날 유엔 참전 용사 국제 추모의 날	12	13	14
15	16	17 순국선열의 날	18 약의 날	19 아동 학대 예방의 날	20	21
22 김치의 날 소설	23 음10.15	24 민원의 날	25	26	27	28
29	30					

11월에는 무슨 날이 있을까?

주제	시기	의미
손상 예방의 날	11월 1일	사고나 재해 등으로 인한 건강상의 문제인 손상과 손상 예방에 대한 이해를 높이는 날
임업인의 날	11월 1일	산과 숲을 통해 경제적 이익을 얻는 임업과 산촌의 소중함을 되새기고 임업인의 성과를 알리는 날
수소의 날	11월 2일	수소를 주요 에너지원으로 사용하는 경제 구조의 중요성을 알리고, 수소 산업의 발전을 기념하는 날
학생 독립운동 기념일	11월 3일	1929년, 일제에 저항한 광주 학생 항일 운동을 기념하고, 학생 독립운동의 정신을 발전시켜 자율성과 애국심을 높이는 날
한글 점자의 날	11월 4일	시각 장애인의 점자 사용 권리를 높이고 점자에 대한 관심과 이해를 높이는 날
소상공인의 날	11월 5일	작은 규모의 기업을 운영하는 소상공인에 대한 인식을 높이고 지역 주민과의 관계를 증진시키기 위한 날
입동	11월 7~8일경	겨울이 시작되는 절기
소방의 날	11월 9일	화재에 대한 경각심과 이해를 높이고 화재를 사전에 예방하기 위한 날
농업인의 날	11월 11일	농업이 국민 경제의 중심임을 인식시키고, 농업인의 긍지와 자부심을 북돋우는 날
보행자의 날	11월 11일	걷기에 안전한 환경을 만들고, 걷기의 중요성을 알리는 날
유엔 참전 용사 국제 추모의 날	11월 11일	6·25 전쟁에 참전하여 대한민국을 지킨 유엔(UN) 참전 용사의 희생을 기념하고 추모하는 날
순국선열의 날	11월 17일	국가의 권력을 되찾기 위해 희생한 순국선열의 독립 정신과 희생정신을 기리는 날
약의 날	11월 18일	의약품의 중요성을 알리고 의약품을 잘못 사용하는 것을 방지하기 위한 날
아동 학대 예방의 날	11월 19일	아동 학대의 예방과 방지에 관한 관심을 높이는 날
김치의 날	11월 22일	전통 김치 문화를 계승하고 김치의 가치와 중요성을 알리는 날
소설	11월 22~23일경	한사로 '석은 눈이 내리는 날'이라는 뜻으로, 첫눈이 내리고 추위가 시작되는 절기
민원의 날	11월 24일	민원 업무에 대한 중요성을 알리고, 민원 담당자의 긍지와 자부심을 높이는 날

직업

소방의 날 11월 9일

화재가 발생하면 재산에 피해를 입고, 사람이 다치거나 생명을 잃을 수도 있습니다. 소방의 날은 화재에 대한 경각심과 이해를 높이고, 화재를 미리 예방하여 국민의 생명과 재산을 보호하기 위해 만든 날입니다. 화재가 점차 늘어나고 그 원인이 다양해짐에 따라 소방의 중요성은 더 커지고 있습니다.

소방의 날은 11월 9일로, 화재나 재해 발생 시 신고하는 119 번호를 떠올려서 정했습니다. 이날에는 화재 예방과 소방 안전에 기여한 사람에게 상을 주고, 소방 공무원 및 소방 업무 종사자의 사기를 높이기 위한 행사가 열립니다. 또한 불조심 캠페인, 소방 관련 그림 · 글짓기 공모전, 소방 안전 교육 등 국민이 직접 참여할 수 있는 다양한 활동이 있어서 소방에 대한 관심을 높일 수 있습니다.

소방관은 화재와 재해를 예방하고 사고가 발생하면 사람을 구조하며 재산을 보호합니다. 또한 학교, 병원, 시장 등의 소방 시설을 점검하고 위험 요소를 확인하지요. 무거운 장비를 메고 위험한 장소로 들어가야 하는 힘든 상황에서도 항상 국민의 안전을 먼저 생각하는 소방관의 노력과 헌신에 감사해야 합니다.

우리도 생활 속에서 화재를 예방할 수 있습니다. 전기 기구나 난방 기구를 안전하게 사용하고, 사용하지 않을 때는 전원을 꺼야 합니다. 소화기의 위치와 사용 방법을 알아 두는 것도 중요합니다. 작은 습관과 관심이 화재를 예방하고, 안전한 일상을 지키는 큰 힘이 됩니다.

오늘의 어휘

- **화재** 불이 나는 사고.
- **소방** 화재를 진정시키거나 예방함.
- **경각심** 정신을 차리고 주의 깊게 살피어 조심하는 마음.
- **재해** 지진, 태풍, 홍수, 가뭄, 화재, 전염병 등에 의하여 받게 되는 피해.
- **구조** 재난을 당하여 어려운 처지에 빠진 사람을 구하여 줌.
- **장비** 갖추어 준비한 도구.

핵심 내용

화재에 대한 경각심과 이해를 높이고, 화재를 미리 예방하여 국민의 생명과 재산을 보호하기 위해 [ ][ ]의 날을 만들었습니다.

독해 확인

1. 소방의 날에 하는 일로 알맞지 않은 것은 무엇인가요?
   ① 화재 예방과 소방 안전에 기여한 사람에게 상을 준다.
   ② 불조심 캠페인을 한다.
   ③ 소방 관련 글짓기 공모전을 한다.
   ④ 소방관들이 모두 휴가를 떠난다.
   ⑤ 국민이 직접 참여하는 소방 안전 교육을 한다.

2. 소방관이 하는 일로 알맞지 않은 것은 무엇인가요?
   ① 화재와 재해를 예방한다.
   ② 사고가 발생하면 사람을 구조한다.
   ③ 화재가 났을 때 재산을 보호한다.
   ④ 학교, 병원, 시장 등에서 소방 시설을 점검한다.
   ⑤ 법을 어긴 사람들에게 벌을 준다.

3. 화재를 예방하는 방법으로 알맞은 것은 무엇인가요?
   ① 난방 기구를 안전하게 사용하고, 사용하지 않을 때 전원을 끈다.
   ② 장난으로 화재를 일으킨다.
   ③ 소화기를 보이지 않는 곳에 감춘다.
   ④ 심심할 때 119에 장난으로 전화를 한다.
   ⑤ 불조심 캠페인에 관심을 가지지 않는다.

4. 소방의 날은 몇 월 며칠인가요? 화재나 사고가 발생했을 때 신고하는 번호를 떠올리며 쓰세요.

   (   )월 (   )일

어휘 확인

1. 빈칸에 알맞은 낱말을 보기 에서 찾아 쓰세요.

보기	화재	재해	구조

(1) 환경 오염이 심해질수록 자연 (   )가 늘어날 거예요.

(2) 겨울에는 비가 자주 오지 않아서 (   )가 발생하기 쉬워요.

(3) 소방관이 다친 사람을 (   )해서 돌아오자, 주변 사람들은 박수를 쳤어요.

2. 뜻에 알맞은 낱말을 골라 ○표 하세요.

(1) 화재를 진정시키거나 예방함. (소방 | 소망)

(2) 갖추어 준비한 도구. (장소 | 장비)

(3) 정신을 차리고 주의 깊게 살피어 조심하는 마음. (경각심 | 경쟁심)

한자로 만나는 어휘

한자를 보고, 각 낱말의 빈칸에 들어갈 글자를 쓰세요.

□ 재

소 □ 기

火

불 화

□ 산

□ 요일

디지털 독해

꼭 알아 둬야 할 안전 상식!

소화기 사용 방법

소화기 관리 방법

(1) 눈에 띄는 곳에 보관해요.
(2) 건조하고 시원한 곳에 보관해요.
(3) 소화기는 유효 기간이 10년이에요. 제조 일자를 확인해요.

■ **분말** 딱딱한 물건을 보드라울 정도로 잘게 부수거나 갈아서 만든 것.

디지털 독해 확인

1. 소화기 관리 방법으로 알맞지 않은 것은 무엇인가요?

① 유효 기간이 지나지 않았는지 제조 일자를 확인한다.
② 비에 맞지 않도록 실내에 보관한다.
③ 자주 사용하지 않으니 창고 깊숙한 곳에 보관한다.
④ 제조한 지 5년이 지났을 때에는 사용해도 된다.
⑤ 언제든지 사용할 수 있게 종종 상태를 확인한다.

2. 소화기를 사용할 때 가장 먼저 소화기의 무엇을 뽑아야 하나요?

( )

사회

아동 학대 예방의 날

11월 19일

아동 학대 예방의 날은 아동 학대의 예방과 방지에 관한 국민의 관심을 높이기 위하여 만들었습니다. 우리나라에서는 매년 수만 건의 아동 학대가 발생합니다. 특히 아동을 돌보는 보호자가 학대 가해자인 경우가 많아 더욱 심각한 문제입니다.

아동 학대는 어른이 아동을 신체적, 정신적, 성적으로 괴롭히는 행동입니다. 신체적 학대란 폭력으로 몸에 상처를 입히는 행동이고, 정신적 학대란 반복적인 비난이나 무시 등으로 마음에 상처를 주는 행동입니다. 성적 학대란 어른의 성적 만족을 위하여 아동을 이용하는 행동을 말합니다. 또한 돌봄을 소홀히 하여 아동이 제대로 성장하지 못하도록 방치하는 것 역시 아동 학대에 해당됩니다.

아동 학대를 직접 당했거나 목격했다면 112 신고 전화를 통해 알려야 합니다. 친구의 몸에 상처가 있거나 이유 없이 지각이나 결석을 자주 하면 무슨 일이 있는지 물어본 뒤 어른들에게 도움을 요청하면 됩니다. 아동 학대를 신고하면 경찰이 출동해 아동과 가해자를 분리하고, 아동 보호 전문 기관에서 아동을 보호합니다.

아동 학대를 예방하려면 사회 전체의 노력이 필요합니다. 아동 보호 전문 기관과 경찰이 협력해 정기적인 예방 교육을 실시하고, 어른들은 아동의 이야기에 귀 기울이며 관심을 가져야 합니다. 우리 모두의 따뜻한 관심과 적극적인 신고가 아동 학대를 예방하고, 아동이 건강하고 안전하게 자랄 수 있는 환경을 만듭니다.

오늘의 어휘

- **학대** 몹시 괴롭히거나 나쁘게 대하는 것.
- **방지** 어떤 일이 일어나지 못하게 막음.
- **가해자** 다른 사람의 생명, 신체, 재산 등에 해를 끼친 사람.
- **성적** 남녀의 육체적 관계나 특징과 관련된 것.
- **비난** 남의 잘못이나 부족한 점을 나쁘게 말함.
- **방치** 돌보지 않고 내버려 둠.
- **목격** 눈으로 직접 봄.
- **정기적** 기간이 일정하게 정해져 있는 것.

핵심 내용

아동 학대의 예방과 방지에 관한 관심을 높이기 위하여

☐☐ ☐☐ ☐☐의 날을 만들었습니다.

독해 확인

1. 아동 학대가 아닌 것은 무엇인가요?

① 아동을 때려서 몸에 상처를 입히는 것
② 아동에게 나쁜 말을 자주 해서 마음을 아프게 하는 것
③ 아동이 힘들 때 도와주고 잘 돌봐 주는 것
④ 아동을 이상한 일에 억지로 참여하게 하는 것
⑤ 아동을 돌보지 않고 혼자 두는 것

2. 아동 학대를 예방하기 위한 방법으로 알맞은 것은 무엇인가요?

① 아동 학대가 의심되더라도 모른 척 지나간다.
② 아동이 알아서 문제를 해결하도록 내버려 둔다.
③ 아동이 도움을 요청할 때까지 기다린다.
④ 아동의 이야기에 귀 기울이고 관심을 갖는다.
⑤ 아동 학대 예방 교육은 나와 상관없으니 무시한다.

3. 친구가 아동 학대를 당한 것 같을 때 해야 할 일로 알맞은 것은 무엇인가요?

① 친구가 힘들어 보여도 모른 척한다.
② 어른에게 말하지 않고 친구와 둘이서 고민한다.
③ 친구의 이야기를 무시한다.
④ 관심을 갖고 물어본 뒤 어른에게 도움을 요청한다.
⑤ 친구 몸에 상처가 있으면 놀린다.

4. 반복적인 비난이나 무시 등으로 마음에 상처를 주는 아동 학대는 무엇인가요?

☐☐☐ 학대

어휘 확인

1. 뜻에 알맞은 낱말을 골라 ○표 하세요.

(1) 몹시 괴롭히거나 나쁘게 대하는 것. (학대 | 우대)

(2) 기간이 일정하게 정해져 있는 것. (단기적 | 정기적)

(3) 눈으로 직접 봄. (목격 | 목적)

(4) 남의 잘못이나 부족한 점을 나쁘게 말함. (비밀 | 비난)

2. 빈칸에 알맞은 낱말을 보기 에서 찾아 쓰세요.

보기	방치	가해자	방지

(1) 경찰은 교통사고를 일으킨 (　　　　　)를 찾고 있어요.

(2) 바닷가에 (　　　　　)된 쓰레기를 줍는 봉사 활동을 했어요.

(3) 아동 학대를 (　　　　　)하기 위해서는 우리 모두의 관심이 필요해요.

만화로 다시 보는 어휘

그림과 대화를 보고 빈칸에 알맞은 낱말을 쓰세요.

디지털 독해

아동 학대 신고 의무자

사회 복지 전담 공무원, 의사, 교사, 사회 복지 시설에서 일하는 사람은 아동 학대를 알게 된 경우 **반드시 신고**해야 합니다.

아동 학대가 의심될 경우 즉시 **112**로 신고합니다.

신고 의무자가 특별한 이유 없이 아동 학대를 신고하지 않으면 **과태료**를 내야 합니다.

신고한 사람의 이름과 정보는 **비밀**이 보장됩니다.

- **과태료** 법을 지키지 않았을 때 벌로 내는 돈.

디지털 독해 확인

1. 아동 학대 신고 의무자가 아닌 사람은 누구인가요?

① 사회 복지 전담 공무원　② 의사
③ 교사　④ 친구
⑤ 사회 복지 시설에서 일하는 사람

2. 아동 학대를 당하거나 알게 되었을 때 신고하는 번호는 무엇인가요?

(　　　　　　　　)

인문

김치의 날 11월 22일

김치의 날은 김치의 가치와 중요성을 알리고, 김치 산업과 전통 김치 문화를 계승하여 발전시키기 위해 만든 날입니다. 11월 22일을 김치의 날로 정한 것은 김치 재료 하나하나(11월)가 모여 22가지(22일)의 효능을 만든다는 의미를 담고 있습니다.

김치는 소금에 절인 채소에 젓갈, 고추, 파, 마늘 등 여러 가지 양념을 버무려 만든 우리나라의 전통 음식입니다. 김치는 만든 후 시간이 지나면서 맛이 깊어지고, 발효가 되어 몸에 좋은 성분이 만들어지지요. 그래서 김치를 먹으면 감기에 잘 걸리지 않고 배변 활동이 좋아집니다. 또한 피가 잘 돌게 하고 비만이나 암을 예방하는 데에도 도움이 됩니다.

김치의 날에는 여러 가지 재미있는 행사가 열립니다. 다양한 김치를 맛볼 수 있고, 김치를 직접 만드는 체험도 있습니다. 맛있는 김치 요리를 만드는 대회도 열립니다. 평소보다 김치를 싸게 팔고, 어려운 이웃을 위한 김치 나눔 행사도 열립니다.

김치를 담그고 나누는 문화인 '김장'은 유네스코 인류 무형 문화 유산으로 등재되었습니다. 자연과 함께 살아가는 지식을 담고 있으며, 이웃과 힘을 합하고 나누는 전통이 세계적으로 인정받은 것입니다. 앞으로도 소중한 문화인 김치와 김장을 잘 보존하고 발전시켜서 다음 세대에 전해 줘야 합니다.

오늘의 어휘

- **계승** 전통, 문화 등을 물려받아 이어 나감.
- **효능** 좋은 결과를 나타내는 능력.
- **절이다** 채소, 생선 등을 소금, 식초, 설탕 등에 담가 맛이 배어들게 하다.
- **젓갈** 멸치, 새우, 생선의 살 등을 소금에 절여 만든 음식.
- **발효** 미생물이 동식물의 몸을 구성하는 물질을 분해하면서 이로운 물질을 만드는 것.
- **암** 몸속의 세포가 비정상적으로 자라서 일으키는 병.
- **무형** 겉으로 드러나 보이는 모양이나 형태가 없음.
- **인류 무형 문화 유산** 유네스코가 선정한 가치 있고 독창적인 무형 유산.

핵심 내용

소금에 절인 채소에 젓갈, 고추, 파, 마늘 등 여러 가지 양념을 버무려 만든 우리나라 전통 음식은 [|] 입니다.

독해 확인

1. 김치의 날이 11월 22일로 정해진 이유로 알맞은 것은 무엇인가요?

① 김치를 만드는 재료가 22가지라서
② 김치가 가장 맛있는 날이라서
③ 김치 재료 하나하나가 모여 22가지 효능을 만들어서
④ 김치가 우리나라 전통 음식이라서
⑤ 김치를 처음으로 외국인에게 판매한 날이라서

2. 김치의 효능으로 알맞지 않은 것은 무엇인가요?

① 감기에 잘 걸리지 않게 한다.
② 암을 예방하는 데 도움이 된다.
③ 배변 활동이 좋아진다.
④ 비만이 되게 만든다.
⑤ 피가 잘 돌게 한다.

3. 김치의 날에 사람들이 하는 일이 아닌 것은 무엇인가요?

① 김치를 직접 만들어 본다.
② 김치 요리 대회에 참가한다.
③ 김치를 싸게 산다.
④ 어려운 이웃에게 김치를 나누어 준다.
⑤ 바다에서 수영을 한다.

4. 빈칸에 공통으로 들어갈 낱말을 쓰세요.

김치는 [|] 과정을 거치면서 몸에 좋은 성분이 생겨요.

된장, 간장, 치즈, 요구르트도 [|] 음식이에요.

어휘 확인

1. 뜻에 알맞은 낱말을 골라 ○표 하세요.

(1) 멸치, 새우, 생선의 살 등을 소금에 절여 만든 음식. (젓갈 | 치즈)

(2) 전통, 문화 등을 물려받아 이어 나감. (계승 | 계몽)

(3) 겉으로 드러나 보이는 모양이나 형태가 없음. (유형 | 무형)

2. 빈칸에 알맞은 낱말을 보기 에서 찾아 쓰세요.

보기: 효능 암 발효

(1) 이 약은 (   )을 치료하는 데에 도움을 준대요.

(2) 요구르트는 우유를 (   )시켜 만든 음식이에요.

(3) 오미자차는 피로를 풀어 주는 (   )이 있어요.

앗 나의 실수! 맞춤법 알기

일기를 보고 틀린 글자를 찾아 바르게 고쳐 쓰세요.

11월 22일 일요일 날씨

우리 할머니께서 만드신 김치는 정말 맛있다.
할머니께서는 우리의 김치 문화를
잘 개승해야 한다고 하셨다.

바르게 고쳐요. (→)

디지털 독해

맛있는 백과사전 | 김치의 종류

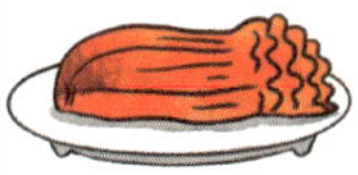

배추김치

가장 대표적인 김치입니다. 배추를 소금에 절여 물기를 빼고, 고춧가루, 마늘, 젓갈 등의 양념을 골고루 발라서 만듭니다.

무김치

무를 주재료로 만든 김치로 총각김치, 깍두기 등이 있습니다. 무를 썰어 소금에 절인 후 양념과 함께 버무려 만듭니다.

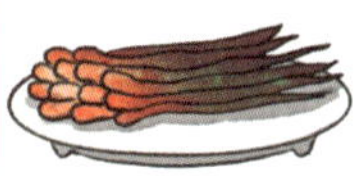

파김치

파로 만든 김치로 주로 중간 크기의 쪽파로 만듭니다. 파를 고춧가루, 젓갈, 마늘 등의 양념으로 버무려 매콤하고 향긋합니다.

물김치

배추, 무, 오이 등을 사용하고, 양념에 물을 많이 넣어 국물이 많은 김치입니다. 더운 여름철에 특히 인기가 많습니다.

오이소박이

오이에 양념을 넣어 만든 김치로 여름철에 자주 먹습니다. 오이에 칼집을 내고 그 속에 고춧가루, 젓갈, 마늘 등의 양념을 넣어 만듭니다.

디지털 독해 확인

1. 백과사전에 나온 김치의 종류가 아닌 것은 무엇인가요?

① 배추김치 ② 무김치 ③ 파김치
④ 갓김치 ⑤ 물김치

2. 양념에 물을 많이 넣어 국물이 많고 더운 여름철에 특히 인기가 많은 김치는 무엇인가요?

( )

12월

국경일
기념일
명절
법정 공휴일
법정 기념일
세시 풍속
절기

일	월	화	수	목	금	토
		1	2	3 소비자의 날	4	5 무역의 날 세계 토양의 날 자원봉사자의 날
6	7 대설	8	9 음11.1 국가유산의 날	10	11 국제 산의 날	12
13	14 기부의 날	15	16	17	18	19
20	21	22 동지	23 음11.15 해양 재난 구조대의 날	24	25 성탄절	26
27 원자력 안전 및 진흥의 날	28	29	30	31		

12월에는 무슨 날이 있을까?

주제	시기	의미
소비자의 날	12월 3일	소비자의 권리 의식을 높이고, 소비자 보호에 대한 관심을 높이기 위한 날
무역의 날	12월 5일	무역의 중요성을 알리고, 무역의 균형 있는 발전을 다짐하는 날
세계 토양의 날	12월 5일	토양의 중요성을 알리고 토양을 보호하기 위한 날
자원봉사자의 날	12월 5일	자원봉사 활동의 참여를 장려하고 자원봉사자의 사기를 높이는 날
대설	12월 7~8일경	한자로 '많은 눈이 내리는 날'이라는 뜻의 절기
국가유산의 날	12월 9일	국가유산에 대한 이해를 높이고 국가유산 보호 의식을 높이는 날
국제 산의 날	12월 11일	산의 가치와 중요성을 알리고 산을 보호하기 위한 날
기부의 날	12월 둘째 월요일	기부에 대한 인식을 높이고 건전한 기부를 장려하는 날
동지	12월 22~23일경	일 년 중 밤이 가장 길고 낮이 가장 짧은 절기
해양 재난 구조대의 날	12월 23일	해양 재난 구조대의 봉사와 희생정신을 기리고 그 업적을 기념하는 날
성탄절	12월 25일	예수 그리스도의 탄생 기념일
원자력 안전 및 진흥의 날	12월 27일	원자력 안전의 중요성을 알리고, 원자력 산업을 발전시키기 위한 날

언어

대설 12월 7~8일경

겨울에는 '소설'과 '대설'이라는 절기가 있습니다. 소설은 '작을 소(小)'와 '눈 설(雪)'을 써서 '적은 눈'이 내리는 날이라는 뜻이고, 대설은 '클 대(大)'와 '눈 설(雪)'을 써서 '많은 눈'이 내리는 날이라는 뜻입니다. 대설은 일 년 중 눈이 가장 많이 내린다는 절기이지만, 우리나라에서는 꼭 많은 눈이 내리지는 않습니다. 절기가 중국의 날씨를 잘 나타내도록 정한 것이기 때문입니다.

대설 무렵은 농촌에서 농사일이 끝나고 가장 한가한 시기입니다. 먹을 것이 귀했던 옛날에도 이 시기에는 가을에 수확한 곡식들이 곳간에 가득 쌓여 있어서 끼니를 걱정하지 않아도 되는 풍성한 때이지요. 대설에 메주를 쑤면 맛있게 익는다고 하여 이때 메주를 만들었습니다. 콩을 푹 삶아 네모나게 빚은 뒤 말려서 만든 메주는 된장, 간장, 고추장의 중요한 재료가 됩니다.

"눈은 보리의 이불이다"라는 속담이 있습니다. 보리는 가을에 씨를 뿌려 겨울 동안 자라는데, 대설에 눈이 많이 와서 보리밭을 푹 덮게 되면 보온이 되어 보리가 얼어 죽지 않아 보리 풍년이 든다는 뜻입니다. 실제로 대설에 눈이 많이 오는 경우는 드물지만, 대설에 눈이 많이 오면 다음해에 풍년이 들고 따뜻한 겨울을 날 수 있다고 믿었습니다.

대설부터 겨울 추위가 본격적으로 시작되고, 땅도 얼기 시작합니다. 눈 덮인 땅 속에는 조용히 자라는 씨앗처럼 봄을 기다리는 생명이 숨겨져 있답니다. 대설에 우리는 계절의 순환을 더 깊이 느낄 수 있습니다.

오늘의 어휘

- **한가하다** 여유가 있다.
- **곳간** 물건을 간직하여 두는 곳.
- **끼니** 아침, 점심, 저녁과 같이 정해진 시간에 먹는 밥.
- **쑤다** 곡식의 알이나 가루를 물에 끓이고 익혀서 만들다.
- **보온** 주위의 온도에 관계없이 일정한 온도를 유지함.
- **순환** 어떤 일이나 과정이 자꾸 되풀이하여 돎.

핵심 내용

[ ][ ]은 '많은 눈'이라는 뜻으로 겨울 추위가 본격적으로 시작되는 절기입니다.

독해 확인

1. 대설에 대한 설명으로 알맞지 않은 것은 무엇인가요?

① 대설은 눈이 많이 내리는 날이라는 뜻이다.

② 대설을 한자로 쓸 때는 '클 대'와 '눈 설'을 쓴다.

③ 대설은 여름에 있는 절기이다.

④ 대설이 지나면 본격적인 겨울 추위가 시작된다.

⑤ 대설은 계절의 변화를 느끼게 해 주는 날이다.

2. 대설 무렵의 모습으로 알맞지 않은 것은 무엇인가요?

① 농사일이 끝나 한가해졌다.

② 수확한 곡식으로 곳간을 풍성하게 채웠다.

③ 된장을 만들기 위해 메주를 쑤었다.

④ 이웃들과 힘을 합쳐 모내기를 했다.

⑤ 끼니 걱정이 없어 마음이 편안했다.

3. 메주에 대한 설명으로 알맞은 것은 무엇인가요?

① 보리를 볶아서 만든다.

② 눈으로 덮어서 보관한다.

③ 메주는 여름에 만들어야 맛있다.

④ 네모나게 빚은 뒤에 말려서 만든다.

⑤ 메주는 떡을 만드는 재료이다.

4. 대설과 관련된 속담입니다. 빈칸에 알맞은 낱말을 쓰세요.

눈은 [ ][ ]의 이불이다

어휘 확인

1. 초성을 참고하여 뜻에 알맞은 낱말을 쓰세요.

(1) 여유가 있다. | ㅎ | ㄱ | ㅎ | ㄷ |

(2) 곡식의 알이나 가루를 물에 끓이고 익혀서 만들다. | ㅆ | ㄷ |

2. 빈칸에 알맞은 낱말을 보기 에서 찾아 쓰세요.

보기 끼니 곳간 보온

(1) 가난한 흥부의 ( )은 텅 비었어요.

(2) 날씨가 춥기 때문에 외투를 입고 모자를 써서 ( )에 신경 써야 해요.

(3) 바쁘거나 귀찮다고 ( )를 챙기지 않으면 건강에 좋지 않아요.

속담 하나 더!

겨울 [ ][ ]밭은 밟을수록 좋다

▶ 보리의 뿌리가 말라 죽는 것을 막기 위해, 보리를 자주 밟아 뿌리가 깊이 내리게 했어요. 겨울에 보리를 많이 밟아 주면 더 잘 자랄 수 있다는 뜻이에요.

디지털 독해

12월의 날씨와 눈 모양 관찰하기

◎**관찰한 사람:** 3학년 4반 20번 김채연

◎**관찰 내용:** 눈이 오는지 안 오는지 관찰하고, 눈이 오는 날 눈 모양을 관찰

◎**관찰 날짜:** 12월 1일~12월 31일

◎**준비물:** 돋보기

1일	2일	3일	4일	5일	6일	7일
O	X	X	X	O	X	X
8일	9일	10일	11일	12일	13일	14일
X	X	X	X	X	X	X
15일	16일	17일	18일	19일	20일	21일
X	X	X	X	X	O	O
22일	23일	24일	25일	26일	27일	28일
X	X	X	O	X	X	X
29일	30일	31일				
X	X	X				

눈이 오면 O,
눈이 안 오면 X로 표시

눈 모양 그림	
눈 모양 관찰 내용	모서리가 뾰족하고 반짝였다. 돋보기로 자세히 보니 똑같은 가지들이 있는 육각형 모양이었다. 검은 종이 위에 올려놓고 보니 작고 투명해서 얼음 조각처럼 보였다. 눈 모양이 하나하나 모두 달라서 정말 신기했다.

디지털 독해 확인

1. 김채연 학생이 12월 한 달 동안 관찰한 내용으로 알맞은 것은 무엇인가요?
   ① 눈은 모두 같은 모양이다.
   ② 눈의 모서리는 뾰족하다.
   ③ 눈이 커서 돋보기는 필요 없다.
   ④ 가장 추운 날의 기온이 몇 도인지 관찰했다.
   ⑤ 눈은 공처럼 동그랗게 생겼다.

2. 12월 한 달 동안 눈이 내린 날은 모두 며칠인가요?

( )일

동지

12월 22~23일경

동지는 한자로 '겨울 동(冬)'과 '이를 지(至)'를 써서, '겨울의 한가운데에 이르렀다'는 뜻입니다. 일 년 중 밤이 가장 길고, 낮이 가장 짧은 날이지요. 동지가 지나면 낮이 길어지기 시작하는데 옛날 사람들은 이것을 태양의 부활로 여겨 동지를 설 다음가는 '작은설'이라고 불렀습니다.

동지에는 팥죽을 쑤어 집 안 곳곳에 놓았고 제사를 지낸 뒤에는 팥죽을 대문이나 벽에 뿌리기도 했습니다. 팥의 붉은색이 나쁜 기운을 쫓고 재앙을 막는다고 여겼기 때문입니다. 팥죽에 찹쌀 새알심을 나이 수만큼 넣어 가족, 이웃과 나누어 먹는 풍습도 있습니다. 설날에 떡국을 먹는 것처럼 동지에 팥죽을 먹어야 한 살을 더 먹는다고 생각했지요.

"동지가 지나면 푸성귀도 새 마음 든다"라는 속담이 있습니다. 동지가 지나면 땅, 풀, 나무 같은 자연도 새해를 맞을 준비를 한다는 뜻입니다. 사람들도 이때가 되면 집 안을 깨끗이 청소하고 한 해를 마무리하며 새로운 해를 맞이할 마음가짐을 가졌습니다.

동지는 가족과 이웃의 건강과 평안을 기원하며 새로운 시작을 준비하는 날입니다. 조상들은 동지가 되면 친척, 이웃 간에 있었던 어려운 일은 화합하여 해결하고, 모든 빚을 갚으며 새로운 마음으로 하루를 즐겼습니다. 동지의 날씨는 춥지만 조상들이 나눈 지혜와 정을 되새기면 우리의 마음도 따뜻해집니다.

오늘의 어휘

- **부활** 죽었다가 다시 살아남.
- **재앙** 뜻하지 않게 생긴 불행한 사고.
- **새알심** 찹쌀가루나 수수 가루로 동글동글하게 만들어 팥죽에 넣어 먹는 것.
- **푸성귀** 사람이 직접 심어 가꾼 채소나 저절로 난 온갖 나물.
- **빚** 남에게 갚아야 할 돈이나 은혜.

핵심 내용

일 년 중 밤이 가장 길고, 낮이 가장 짧은 날은 [|] 입니다.

독해 확인

1. 동지에 팥죽을 쑤어 집 안 곳곳에 놓는 이유는 무엇인가요?

① 집에서 키우는 동물들에게 먹이려고
② 뜨거우니까 빨리 식으라고
③ 이웃들에게 나눠 주고 싶지 않아서
④ 팥의 붉은색이 나쁜 기운을 쫓는다고 여겨서
⑤ 가족들이 다 흩어져서 팥죽을 먹으려고

2. 동지에 하는 일이 아닌 것은 무엇인가요?

① 팥죽에 새알심을 넣어 먹는다.
② 팥죽을 대문이나 벽에 뿌린다.
③ 모든 빚을 갚는다.
④ 이웃 간에 있었던 어려운 일을 해결한다.
⑤ 수박을 먹으며 더위를 식힌다.

3. "동지가 지나면 푸성귀도 새 마음 든다"의 뜻으로 알맞은 것은 무엇인가요?

① 동지가 지나면 채소가 더 맛있어진다.
② 동지가 지나면 겨울이 끝난다.
③ 동지가 지나면 자연과 사람 모두 새해를 맞을 준비를 한다.
④ 동지가 지나면 날씨가 따뜻해진다.
⑤ 동지가 지나면 푸성귀를 구할 수 없다.

4. 빈칸에 알맞은 낱말을 쓰세요.

주상들은 동지가 지나면 낮이 길어지기 시작하는 것을 태양의 부활로 여겨 동지를 [| |] 이라고도 불렀습니다.

어휘 확인

1. 뜻에 알맞은 낱말을 골라 ○표 하세요.

(1) 사람이 직접 심어 가꾼 채소나 저절로 난 온갖 나물. (잎사귀 | 푸성귀)

(2) 죽었다가 다시 살아남. (부활 | 사망)

(3) 뜻하지 않게 생긴 불행한 사고. (재앙 | 앙심)

2. 빈칸에 알맞은 낱말을 보기에서 찾아 쓰세요.

보기: 새알심 빗 재앙

(1) 나는 아홉 살이니까 팥죽에 (   )을 아홉 개 넣어서 먹었어요.

(2) 옛날에는 (   )을 막기 위한 풍습이 많았어요.

(3) 용돈을 받으면 누나에게 진 (   )을 제일 먼저 갚을 거예요.

뜻이 다른 반대말

주어진 낱말의 반대말을 찾아 ○표 하세요.

길다 ········ 많다 / 짧다 / 크다

낮 ········ 밤 / 하루 / 겨울

옛날 ········ 예전 / 과거 / 오늘날

디지털 독해

전통문화 체험

동지맞이 행사

"동지, 따뜻한 하루"

동지 팥죽 만들기

- 선착순 50명
- 오전 9:00~11:00
- 체험비 10,000원

버선 만들기

- 선착순 20명
- 오후 1:00~3:00
- 체험비 10,000원

달력 만들기

- 선착순 30명
- 오후 3:00~5:00
- 체험비 5,000원

2026년 12월 22일
동지맞이 전통문화 체험 행사에
여러분을 초대합니다.

디지털 독해 확인

1. 동지맞이 행사에 대한 설명으로 알맞지 않은 것은 무엇인가요?

① 12월 22일에 열리는 행사이다.
② 모든 체험은 오전에 진행된다.
③ 버선 만들기는 20명이 참여할 수 있다.
④ 달력을 만들려면 체험비 5,000원을 내야 한다.
⑤ 음식을 만드는 체험도 있다.

2. 가장 많은 사람이 참여할 수 있는 체험은 무엇인가요?

(　　　　　　　　　　)

정답

1월 소한 12~15쪽

핵심 내용 소한

독해 확인 1. ④ / 2. ③ / 3. ④ / 4. 대한, 소한

어휘 확인 1. (1) **매섭다** | 무섭다, (2) 무한 | **무렵**, (3) **점점** | 점거
2. (1) 한파, (2) 영하, (3) 온기

속담 하나 더! 소한 / 대한

디지털 독해 확인

2월 입춘 18~21쪽

핵심 내용 봄

독해 확인 1. ④ / 2. ③ / 3. (1)X, (2)O, (3)O
4. 입춘대길

어휘 확인 1. (1) 소망, (2) 풍년, (3) 평안 / 2.

칙칙폭폭 끝말잇기 기차 입(춘)축 / 축(소) / 소망

디지털 독해 확인 1. ④ / 2. 풍년

설날 22~25쪽

핵심 내용 설날

독해 확인 1. ③ / 2. ③ / 3. ④
4. "새해 복 많이 받으세요." (O)

어휘 확인 1. (1) 이웃 | **조상**, (2) 속담 | **덕담**, (3) **차례** | 세배,
(4) 신라 | **조선**
2. (1) 기록, (2) 음력, (3) 설달그믐

앗 나의 실수! 맞춤법 알기 새배 ➡ 세배

디지털 독해 확인 1. 세배 / 2.

3월 3·1절 28~31쪽

핵심 내용 3, 1

독해 확인 1. ② / 2. ① / 3. ① / 4. 대한 독립 만세

어휘 확인 1. (1) 배포, (2) 자주, (3) 시위 / 2.

아하! 틀리기 쉬운 말
경찰이 도둑의 손에 있는 무기를 빼앗다. (O)
경찰이 도둑의 손에 있는 무기를 뺐았다. (　)

디지털 독해 확인
1. 열여덟 살에 감옥에서 목숨을 잃었다. (O) / 2. ①

납세자의 날 32~35쪽

핵심 내용 납세자

독해 확인 1. ③ / 2. ④ / 3. ③ / 4. 3, 3

어휘 확인 1. (1) 선정, (2) 성실, (3) 모범 / 2.

생활 속 낱말 활용 모범

디지털 독해 확인 1. 부가 가치세 / 2. ⑤

정월 대보름 36~39쪽

핵심 내용 정월 대보름

독해 확인 1. ④ / 2. ② / 3. ⑤ / 4. 달집태우기

어휘 확인 1. (1) **해충** | 익충, (2) **돈독하다** | 알뜰하다, (3) **묶다** | 젊다
2. (1) 공동체, (2) 견과, (3) 해충

포함하는 말 견과, 곡식

디지털 독해 확인 1. 내 더위 사가라 / 2. ③

흙의 날 40~43쪽

핵심 내용 흙

독해 확인 1. ② / 2. ④ / 3. ④ / 4. ④

어휘 확인 1. (1) **분리** | 화합, (2) 정화 | **오염**, (3) 손실 | **보전**
2. (1) 터전, (2) 훼손, (3) 농약

만화로 다시 보는 어휘 일회용품

디지털 독해 확인 1. ④ / 2. ④

4월 식목일 46~49쪽

핵심 내용 식목일

독해 확인 1. ③ / 2. ④ / 3. ④ / 4. ㉣, ㉠, ㉢, ㉡, ㉤

어휘 확인 1. / 2. (1) 예방, (2) 홍수, (3) 지지대

칙칙폭폭 끝말잇기 기차 예방 / 방(수) / 수호자

디지털 독해 확인 1. 지구 온난화 / 2. ⑤

4·19 혁명 기념일 50~53쪽

핵심 내용 민주주의

독해 확인 1. ④ / 2. ③ / 3. ④ / 4. 대통령 (O)

어휘 확인 1. (1) **정의** | 정신, (2) **부정** | 인정, (3) 진심 | **진압**
2. (1) 민주주의, (2) 선거, (3) 정치

앗 나의 실수! 맞춤법 알기 읽은 ➡ 잃은

디지털 독해 확인 1. 사이버 참배 / 2. ④

장애인의 날 54~57쪽

핵심 내용 장애인

독해 확인 1. ③ / 2. ③ / 3. ④ / 4. 인정, 존중, 배려 (O)

어휘 확인 1. (1) **감각** | 감동, (2) **다양성** | 획일성, (3) 가격 | **가치**
2. (1) 배려, (2) 편견, (3) 신체

소리가 같은 말
친구와 같이 수영을 했더니 기분이 참 좋아요. (O)
친구와 가치 수영을 했더니 기분이 참 좋아요. (　)

디지털 독해 확인 ③

과학의 날 58~61쪽

핵심 내용 과학 기술

독해 확인 1. ③ / 2. ⑤ / 3. ④
4. 반도체, 정보 통신 기술

어휘 확인 1. (1) 과학 기술, (2) 실험, (3) 업적
2.

알쏭달쏭 낱말 퍼즐

과	학	자		발	사
		석	주	명	

디지털 독해 확인 1. ③ / 2. 과학자 옷

5월 어린이날 64~67쪽

핵심 내용 어린이날

독해 확인 1. ④ / 2. ③ / 3. ② / 4. 방정환

어휘 확인 1. (1) **예의** | 의리, (2) 체온 | **체험**, (3) 유익 | **유지**
2. (1) 제안, (2) 협동, (3) 추억

생활 속 낱말 활용 체험

디지털 독해 확인
1. ② / 2. 아동 권리

어버이날 68~71쪽

핵심 내용 부모님

독해 확인 1. ④ / 2. ④ / 3. ③ / 4. 카네이션

어휘 확인 1. / 2. (1) 포옹, (2) 평소, (3) 노고

포함하는 말 꽃, 부모님

디지털 독해 확인 1. 종이, 가위, 색연필 / 2. ⑤

바다 식목일 72~75쪽

핵심 내용 바다 숲

독해 확인 1. ⑤ / 2. ③ / 3. ④ / 4. 바다 사막화

어휘 확인 1. (1) **기체** | 액체, (2) 목적지 | **서식지**, (3) 농민 | **어민**
2. (1) 사막화, (2) 최초, (3) 해조류

한자로 만나는 어휘 해

디지털 독해 확인 1. (1)X, (2)O, (3)X / 2. ④

유권자의 날 76~79쪽

핵심 내용 유권자

독해 확인 1. ② / 2. ③ / 3.

어휘 확인 1. (1) **책임감** | 자신감, (2) **공정하다** | 다정하다, (3) 평화 | **평등**
2. (1) 시장, (2) 국회 의원, (3) 교육감

만화로 다시 보는 어휘 유권자

디지털 독해 확인 1. (1)O, (2)O, (3)X / 2. ④

스승의 날 80~83쪽

핵심 내용 선생님

독해 확인 1. ③ / 2. ⑤ / 3. ② / 4. 세종 대왕

어휘 확인 1. (1) 자부심, (2) 안부, (3) 스승 / 2.

아하! 헷갈리기 쉬운 말
선생님께서 쉽게 가르쳐 주신 덕분에 문제를……. (○)
선생님께서 쉽게 가리켜 주신 덕분에 문제를……. (   )

디지털 독해 확인 1. 손 편지 / 2. ④

5·18 민주화 운동 기념일 84~87쪽

핵심 내용 민주주의

독해 확인 1. ③ / 2. ② / 3. ③ / 4. 주먹밥

어휘 확인 1. (1) 정당하다 | **부당하다**, (2) **추모** | 추리, (3) 경악 | **장악**, (4) **부상자** | 목격자 / 2. (1) 묵념, (2) 희생자, (3) 헌혈

칙칙폭폭 끝말잇기 기차 추(모)사 / 사(장) / 장악

디지털 독해 확인 1. 5·18 기념 공원 / 2. ③

발명의 날 88~91쪽

핵심 내용 발명, 발명

독해 확인 1. ① / 2. ② / 3. ② / 4. 측우기

어휘 확인 1. / 2. (1) 조작, (2) 창의적, (3) 의욕

역사 속 위대한 발명품 거북선 / 측우기 / 거중기

디지털 독해 확인

세계인의 날 92~95쪽

핵심 내용 세계인

독해 확인 1. ③ / 2. ④ / 3. ③ / 4. 다문화

어휘 확인 1. (1) **정착** | 도착, (2) **소통** | 불통, (3) 경우 | **대우**
2. (1) 재난, (2) 세계인, (3) 화합

알쏭달쏭 낱말 퍼즐

다	문	화		
		합	창	
			의	견
			력	

디지털 독해 확인 1. (1) X, (2) O, (3) O / 2. ③

우주 항공의 날 96~99쪽

핵심 내용 우주 항공

독해 확인 1. ② / 2. ④ / 3. ③ / 4. 우주 항공청

어휘 확인 1. (1) **예보** | 예감, (2) 통역 | **통신**, (3) 안내 | **안보**
2. (1) 천문대, (2) 우주 항공 산업, (3) 위성

앗 나의 실수! 맞춤법 알기 얘보 ➡ 예보

디지털 독해 확인 1. ④ / 2. ①

바다의 날 100~103쪽

핵심 내용 바다

독해 확인 1. ① / 2. ③ / 3. ④ / 4. 해상 운송

어휘 확인 1. (1) 등대, (2) 수산물, (3) 공모전 / 2.

뜻이 다른 반대말
적다 (○) / 수입 (○) / 이롭다 (○)

디지털 독해 확인 1. 황토 / 2. ⑤

6월 현충일 106~109쪽

핵심 내용 현충일

독해 확인 1. ④ / 2. ② / 3. ③ / 4. 국가 유공자

어휘 확인 1. (1) 수목원 | **현충일**, (2) **현화** | 헌신, (3) 바라다 | **기리다**
2. (1) 유가족, (2) 세대, (3) 헌신

만화로 다시 보는 어휘 국가 유공자

디지털 독해 확인 1. ③ / 2. 1953

단오 110~113쪽

핵심 내용 단오

독해 확인 1. ③ / 2. ③ / 3. ① / 4. 천중절

어휘 확인 1. / 2. (1) 윤기, (2) 일품, (3) 창포

칙칙폭폭 끝말잇기 기차 윤기 / 기(원) / 원인

디지털 독해 확인 1. 전통놀이 마당 / 2. ④

하지 114~117쪽

핵심 내용 하지

독해 확인 1. ④ / 2. ② / 3. (1) O, (2) X, (3) O
4. 하지, 비

어휘 확인 1. (1) **곤내기** | 추수, (2) 전통 | **전후**, (3) **방제** | 방풍
2. (1) 병충해, (2) 장마, (3) 곰팡이

속담 하나 더! 하지

디지털 독해 확인 1. 제주 (○) / 2. ③

7월 정보 보호의 날 120~123쪽

핵심 내용 정보 보호

독해 확인 1. ④ / 2. ① / 3. ③
4. 이름, 얼굴 사진, 전화번호, 집 주소 (○)

어휘 확인 1. (1) **사칭** | 명칭, (2) **콘퍼런스** | 콘서트, (3) 암호 | **기호**
2. (1) 검색, (2) 공공 기관, (3) 백신

포함하는 말 개인 정보, 공공 기관

디지털 독해 확인 1. 사이버 보안 전문가 / 2. ④

제헌절 124~127쪽

핵심 내용 헌법

독해 확인 1. ③ / 2. ③ / 3. ⑤ / 4. 국민

어휘 확인 1. (1) 바탕, (2) 건국, (3) 보장 / 2.

생활 속 낱말 활용 헌법

디지털 독해 확인 1. 헌법 재판소 / 2. ③

8월 입추 130~133쪽

핵심 내용 입추

독해 확인 1. ③ / 2. ④ / 3. 자라는 소리가 들릴 만큼 벼가 무럭무럭 큰다는 뜻. (○) / 4. 김장

어휘 확인 1. (1) **수확** | 수집, (2) **한창** | 잠깐, (3) **상징적** | 창의적
2. (1) 태풍, (2) 제사, (3) 김장

한자로 만나는 어휘 추

디지털 독해 확인 1. ④ / 2. 열대야

광복절 134~137쪽

핵심 내용 1945. 8. 15

독해 확인 1. ① / 2. ④ / 3. ④ / 4. 대한민국 정부

어휘 확인 1.

나	국	무	장
조	권	라	화
수	립	선	경
만	방	세	축

/ 2. (1) 일제 강점기, (2) 상영, (3) 해방

아하! 헷갈리기 쉬운 말
광복절에 태극기 다는 것을 잃어버리면 안 돼요. (   )
광복절에 태극기 다는 것을 잊어버리면 안 돼요. (○)

디지털 독해 확인 1. 이회영 / 2. ④

9월 태권도의 날 140~143쪽

핵심 내용 태권도

독해 확인 1. ③ / 2. ③ / 3. ② / 4. ③

어휘 확인 1. (1) 위상, (2) 단결, (3) 채택 / 2.

앗 나의 실수! 맞춤법 알기 이상 ➡ 위상

디지털 독해 확인 1. 자기 조절력 / 2. ④

푸른 하늘의 날 144~147쪽

핵심 내용 푸른 하늘

독해 확인 1. ③ / 2. ③ / 3. ③ / 4. 유엔

어휘 확인 1. (1) 매연, (2) 청정
2. (1) 업사이클, (2) 천체 관측, (3) 분리배출

만화로 다시 보는 어휘 미세 먼지

디지털 독해 확인 1. 자전거 / 2. (1) X, (2) X, (3) O, (4) X

추석 148~151쪽

핵심 내용 추석

독해 확인 1. ① / 2. ③ / 3. ⑤ / 4. 송편

어휘 확인 1.

친	배	우	풍
손	질	악	성
잡	궁	오	하
무	르	익	다

/ 2. (1) 묘, (2) 축소, (3) 햇곡식

속담 하나 더! 한가위

디지털 독해 확인 1. ② / 2. 깨소

10월 국군의 날 154~157쪽

핵심 내용 국군, 국군

독해 확인 1. ④ / 2. ③ / 3. 

어휘 확인 1. (1) 사기, (2) 돌파, (3) 국군 / 2. 

척척쪽쪽 끝말잇기 기차 해군 / 군인 / 인(사)

디지털 독해 확인 1. ② / 2. 병무청 누리집

개천절 158~161쪽

핵심 내용 고조선

독해 확인 1. ③ / 2. ② / 3. ③ / 4. 홍익인간

어휘 확인 1. (1) 새롭다 | 이롭다, (2) 안녕 | 안내, (3) 영화 | 신화
2. (1) 제창, (2) 제천, (3) 시조

생활 속 낱말 활용 신화

디지털 독해 확인 1. 3·1절, 현충일, 제헌절, 광복절, 국군의 날, 한글날 중 하나 / 2. ③

한글날 162~165쪽

핵심 내용 한글날

독해 확인 1. ④ / 2. ② / 3. ④ / 4. 세계 기록 유산

어휘 확인 1.

차	학	소	원
동	주	간	리
재	중	미	교
량	장	고	유

/ 2. 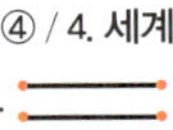

알쏭달쏭 낱말 퍼즐

교		우	
훈	민	정	음
	족		악
	정		
	신		

디지털 독해 확인 1. 초등학생 누구나 / 2. ③

스포츠의 날 166~169쪽

핵심 내용 스포츠, 스포츠

독해 확인 1. ⑤ / 2. ④ / 3. ④ / 4. 스포츠 의식

어휘 확인 1. (1) 장려, (2) 스포츠
2. (1) 여가, (2) 강연회, (3) 공로

포함하는 말 탁구, 야구

디지털 독해 확인 1. 펜싱 / 2. ③

문화의 날 170~173쪽

핵심 내용 문화 예술

독해 확인 1. ② / 2. ③ / 3. ⑤
4. 10월 셋째 토요일

어휘 확인

기	여	문	혜
예	잡	콘	탁
할	곡	텐	견
인	술	츠	학

/ 2. (1) 경쟁력, (2) 대중 매체, (3) 문화 예술

뜻이 다른 반대말

낮다 (○) / 할증 (○) / 줄어들다 (○)

디지털 독해 확인 1. ⑤ / 2. 충북 예술제

지방 자치 및 균형 발전의 날 174~177쪽

핵심 내용 지방 자치, 균형 발전

독해 확인 1. ④ / 2. ③ / 3. ⑤ / 4. 풀뿌리 민주주의

어휘 확인 1. (1) 경제, (2) 강점, (3) 보완 / 2. 

아하! 틀리기 쉬운 말

선생님께서 말씀하신 문제점을 보완하기 위해……. (○)
선생님께서 말씀하신 문제점을 보안하기 위해……. ( )

디지털 독해 확인 1. 커피, 옥수수 아이스크림 / 2. ②

11월 소방의 날 180~183쪽

핵심 내용 소방

독해 확인 1. ④ / 2. ⑤ / 3. ① / 4. 11, 9

어휘 확인 1. (1) 재해, (2) 화재, (3) 구조
2. (1) 소방 | 소망, (2) 장소 | 장비, (3) 경각심 | 경쟁심

한자로 만나는 어휘 화

디지털 독해 확인
1. ③ / 2. 안전핀

아동 학대 예방의 날 184~187쪽

핵심 내용 아동 학대 예방

독해 확인 1. ③ / 2. ④ / 3. ④ / 4. 정신적

어휘 확인
1. (1) 학대 | 우대, (2) 단기적 | 정기적, (3) 목격 | 목적, (4) 비밀 | 비난
2. (1) 가해자, (2) 방치, (3) 방지

만화로 다시 보는 어휘 아동 학대

디지털 독해 확인 1. ④ / 2. 112

김치의 날 188~191쪽

핵심 내용 김치

독해 확인 1. ③ / 2. ④ / 3. ⑤ / 4. 발효

어휘 확인 1. (1) 젓갈 | 치즈, (2) 계승 | 계몽, (3) 유형 | 무형
2. (1) 암, (2) 발효, (3) 효능

앗 나의 실수! 맞춤법 알기 개승 ➡ 계승

디지털 독해 확인 1. ④ / 2. 물김치

12월 대설 194~197쪽

핵심 내용 대설

독해 확인 1. ③ / 2. ④ / 3. ④ / 4. 보리

어휘 확인 1. (1) 한가하다, (2) 쑤다
2. (1) 곳간, (2) 보온, (3) 끼니

속담 하나 더! 보리

디지털 독해 확인 1. ② / 2. 5

동지 198~201쪽

핵심 내용 동지

독해 확인 1. ④ / 2. ⑤ / 3. ③ / 4. 작은설

어휘 확인 1. (1) 잎사귀 | 부성귀, (2) 부활 | 사망, (3) 재앙 | 앙심
2. (1) 새알심, (2) 재앙, (3) 빛

뜻이 다른 반대말

짧다 (○) / 밤 (○) / 오늘날 (○)

디지털 독해 확인 1. ② / 2. 동지 팥죽 만들기

영역별 차례

역사

인문

언어

사회

환경

과학 기술

직업

예술

글 전영신

1년 365일 어린이들과 함께 어린이책을 읽는 초등 교사입니다.
어린이들이 배워야 할 인생의 지혜가 모두 책 속에 들어 있다고 믿습니다.
도서관, 교육청, 평생 학습관 등 학부모, 교사, 어린이가 있는 곳이라면
어디든 달려가 문해력 강의를 하고 있습니다. 인스타그램 및 블로그에서
'책먹는선생님'으로 활동하며 다양한 교육 콘텐츠를 만들어 공유하고 있습니다.
〈초6의 독서는 달라야 합니다〉, 〈지안이는 1학년〉, 〈백점백승 유형 독해〉 등의
책을 썼습니다.

그림 홍연시

고양이와 개와 함께 대부분의 시간을 집에서 그림을 그리는 일러스트레이터입니다.
냥냥댕이라는 유튜브 채널을 통해 개와 고양이 그림을 그리며
소수의 구독자들과 함께 놀고 있습니다. 작업한 책으로는 〈시험지 괴물〉,
〈우리 반 퓰리처〉, 〈앉은뱅이밀 지구 탐사대〉, 〈그림으로 보는 조선왕조실록 3〉,
〈그림으로 보는 로마 이야기 1〉, 〈그림으로 보는 한국 지리〉 등이 있습니다.

오늘은 무슨 날?
달력으로 비문학 읽기

초판 1쇄 발행 2026년 1월 10일

글 전영신 | **그림** 홍연시

발행인 오형석
편집장 이미현 | **편집** 최지혜 김예린 | **디자인** 이희승
발행처 (주)계림북스
신고번호 제2012-000204호 | **등록일자** 2000년 5월 22일
주소 서울시 마포구 창전로 74 여촌빌딩 3층
대표전화 (02)7079-900 | **팩스** (02)7079-956
도서문의 (02)7079-913
홈페이지 www.kyelimbook.com